Dʳ HENRY DE GAULEJAC

ÉTUDE CLINIQUE ET PATHOGÉNIQUE

DE LA

HANCHE PARALYTIQUE

CHEZ L'ENFANT

COMPLÉTÉE D'UNE

NOUVELLE ÉTUDE ANATOMO-PATHOLOGIQUE

Présentée devant la Société de Chirurgie (Séance du 8 Novembre 1900)

LYON

A. REY, IMPRIMEUR-ÉDITEUR DE L'UNIVERSITÉ

4, RUE GENTIL, 4

1900

ÉTUDE CLINIQUE ET PATHOGÉNIQUE

DE LA

HANCHE PARALYTIQUE

CHEZ L'ENFANT

ÉTUDE CLINIQUE ET PATHOGÉNIQUE

DE LA

HANCHE PARALYTIQUE

CHEZ L'ENFANT

COMPLÉTÉE D'UNE

NOUVELLE ÉTUDE ANATOMO-PATHOLOGIQUE

Présentée devant la Société de Chirurgie (Séance du 8 Novembre 1900).

PAR

Le Dr Henry de GAULEJAC

———◆———

LYON

A. REY, IMPRIMEUR-EDITEUR DE L'UNIVERSITE

4, RUE GENTIL, 4

———

1900

A la Mémoire

DE MES GRANDS-PARENTS

A la Mémoire de mon Cousin

LE GÉNÉRAL BERNARD DE BOYSSON

Commandant le XIIIe Corps d'Armée,
Commandeur de la Légion d'honneur.

*Que sa vie soit pour moi un éternel exemple
de vertus militaires et de patriotisme.*

A MA FAMILLE

A M. LE PROFESSEUR TESTUT

Professeur d'Anatomie à l'Université de Lyon,
Chevalier de la Légion d'honneur.

Eternel attachement.

A mon Président de Thèse

M. LE PROFESSEUR FOCHIER

Professeur d'Obstétrique à l'Université de Lyon,
Chirurgien de la Charité,
Chevalier de la Légion d'honneur.

A M. LE PROFESSEUR-AGRÉGÉ NOVÉ-JOSSERAND

Chirurgien de la Charité.

A TOUS MES SUPÉRIEURS ET MAITRES

de l'École du Service de Santé Militaire.

Que leur bienveillante sympathie à mon égard
assure de ma plus vive reconnaissance.

A mon Père, *à qui je dois tout*, a ma Mère *adorée,
qui, sous l'aile d'une tendresse sans égale, abrita mes
plus frêles années, reçut tant de confidences et sécha
tant de larmes,* a ma chère Soeur, *je dédie ce modeste
ouvrage comme premier témoignage de ma vive et
reconnaissante affection.*

*Que ma piété filiale, s'exaltant chaque jour, me
garde sans cesse fidèle au Devoir et à l'Honneur; qu'elle
soit ma suprême consolation et mon plus ferme appui
aux heures d'épreuve et de sacrifice.*

*Dans un même sentiment de profonde reconnais-
sance j'allie à ces noms si chers entre tous, celui de
mon bien-aimé frère, mon premier maître et mon
meilleur ami, le Dr F.* Barrett de Nazaris.

A mes Intimes, *Raymond Uteau et Albert Amigues,
je donne un gage public de ma cordiale affection. Que
l'amitié, si fortement enracinée dans nos trois jeunes
cœurs, nous unisse à jamais dans la vie, fixe nos
yeux aux mêmes rives, et nous fasse un jour jeter
l'ancre au même port.*

*Puissé-je, maintenant, dans l'exercice de ma noble
profession, toute d'honneur et de dévouement, consa-
crer de généreux efforts, dans le plus complet désin-
téressement, au service de mon pays, à la consolation
et au soulagement de ceux qui souffrent.*

Henry de Gaulejac.

INTRODUCTION

Dans les derniers mois de l'année 1899, M. le professeur agrégé Nové-Josserand, notre meilleur maître en chirurgie infantile, attirait notre attention sur certains troubles articulaires de la hanche survenant chez les jeunes enfants, au cours de la paralysie spinale. Nous avons nous-même remarqué bien souvent que quelques enfants se présentent aux consultations gratuites dans nos hôpitaux, affectés de luxations de la hanche qui, n'étant point congénitales, ne ressemblent cependant ni aux luxations traumatiques survenant à la suite de violences extérieures, ni aux luxations pathologiques qui se produisent au cours d'une coxalgie ou de quelque maladie infectieuse. Les jeunes sujets que nous avons pu observer, atteints de cette variété spéciale de désordres articulaires de la hanche, étaient tous de petits paralytiques. Le traitement institué, qui d'habitude donnait à nos maîtres les plus beaux résultats, resta presque toujours dans ces cas sans effet. De telles observations ne semblaient-elles pas révéler toute une classe, encore mal connue, de luxations de la hanche chez l'enfant, non seulement pleines d'intérêt au point de vue de leur pathogénie, mais peut-être encore des plus riches au point de vue clinique?

Sans doute, ce n'est pas de nos jours seulement qu'on a parlé de *hanche paralytique*. VERNEUIL ne fut-il pas un des premiers auteurs qui appelèrent l'attention de la *Société de chirurgie* sur l'étiologie d'un groupe de luxations coxo-fémorales survenues sans traumatisme, sans lésions inflammatoires, chez de jeunes enfants affectés d'amyotrophie de la hanche.

« Un certain nombre de luxations du fémur, disait cet auteur, sont dues à la paralysie plus ou moins complète des groupes musculaires qui entourent l'articulation de la hanche; en d'autres termes, à l'affaiblissement des muscles pelvi-trochantériens et surtout des muscles fessiers. »

HUMBER, BROCA, SEDILLOT appuyaient cette nouvelle doctrine de leur autorité, et celle-ci trouva bientôt de si chauds partisans, que la luxation dite " congénitale " faillit un instant être rayée des cadres de la pathologie comme n'étant qu'une luxation paralytique, postérieure à la naissance, mais observée seulement à la deuxième enfance.

RECLUS reprit plus tard les mêmes discussions. En 1878, il démontrait que la luxation congénitale n'était point une luxation paralytique et qu'il était illogique de ne former qu'une catégorie de ces deux lésions articulaires, en réalité si différentes, tant par leur pathogénie que par leur tableau symptomatique.

D'un autre coté M. de SAINT-GERMAIN, dont on sait la compétence en pathologie articulaire, déclarait n'avoir jamais observé de luxation paralytique. Dans deux monographies récentes, DEGEZ et CHANTREL soutiennent, sous l'autorité des professeurs TILLAUX et KIRMISSON, que l'étiologie de toute luxation spontanée de la hanche repose le plus souvent sur un état diathésique préalable. « Nous ne saurions nous associer, dit le premier à l'opinion de certains auteurs qui prétendent que la présence d'une arthrite n'est pas constante dans toute luxation spontanée du fémur, que des modifications articulaires ne sont pas nécessaires pour expliquer la production de la luxation. »

Toutes ces contradictions attestent bien que les luxations dites *paralytiques* de la hanche sont encore fort mal connues. Ne serait-on pas en droit aujourd'hui même de se demander, sur de pareilles données, si elles existent en réalité?

Ce désaccord entre les auteurs tient beaucoup, à notre avis, à l'étude trop incomplète qu'on a faite de ces lésions articulaires, survenant au cours de la paralysie spinale infantile. Leur physionomie clinique est mal définie, leur anatomo-pathologie absolument inconnue; leur pathogénie enfin, édifiée sur de pures hypothèses, ne peut que soulever des discussions subtiles et donner naissance aux opinions les plus contradictoires.

Nous avons cru qu'il y avait sur ce sujet toute une étude intéressante à faire. Bien définir tout d'abord la physionomie clinique de la hanche paralytique, décrire d'après une expérimentation minutieusement conduite son anatomie pathologique, édifier sur des bases très sûres sa véritable pathogénie, tel est le but que nous nous sommes proposé dans notre thèse inaugurale.

C'est sous la haute direction de M. le professeur agrégé Nové-Josserand que nous avons entrepris cette étude. Sans les conseils et les encouragements de cet excellent maître, nous nous serions peut-être découragé avant l'heure, mais la bienveillance avec laquelle il nous a toujours accueilli et la clarté de ses enseignements ont rendu notre tâche moins pénible et nous ont permis de la mener à bout.

Nous regretterons toujours de n'avoir pu suivre plus longtemps son service de chirurgie infantile, où nous avons pu acquérir de si précieuses connaissances. En quittant Lyon, nous l'assurons de notre vive et sincère reconnaissance.

Au moment de mettre sous presse, nous recevons de M. le professeur Curtillet, de l'école de médecine d'Alger, un excellent document intéressant notre sujet. Nous ne saurions assez remercier le Dr Curtillet de son excessive bienveillance, et de l'honneur qu'il nous a fait en cherchant à nous venir en aide.

Puissions-nous maintenant avoir fait œuvre utile en dégageant de nos recherches quelques conclusions thérapeutiques nouvelles, contribuant pour notre part à épargner aux jeunes sujets, dans les limites du possible, ces déplorables infirmités qui mettent trop souvent leur enfance en dehors des conditions ordinaires de la vie sociale, et qui empoisonnent leur âge mûr.

ÉTUDE CLINIQUE ET PATHOGÉNIQUE

DE

LA HANCHE PARALYTIQUE

CHEZ L'ENFANT

CHAPITRE PREMIER

ÉTUDE. CLINIQUE DE LA HANCHE PARALYTIQUE

I

Ecoutons avec attention ce récit d'une mère, qui vient confier à nos soins son jeune enfant paralytique :

« Mon petit Pierre est venu au monde à terme. Il n'est point né par les pieds et ne présentait rien d'anormal à sa naissance. Ses frères, ses sœurs sont tous bien portants et n'ont jamais boité. Sa santé a toujours été bonne jusqu'au jour où une fièvre légère l'obligea à s'aliter pour quelque temps. Il eut, à cette époque, quelques convulsions, qui ne furent que passagères, mais sa convalescence a été longue. Il s'est toujours ressenti de cette première atteinte ; ses forces disparaissent chaque jour. Malhabile sur ses jambes, il tombe fréquemment et se fatigue vite. Il joue avec peine ; les promenades un peu longues lui sont impossibles. Souvent il est revenu tout suant de l'école, se plaignant de sa hanche, mais ses douleurs au début ne duraient pas. Aujourd'hui, sa claudication est continuelle ; ses chutes deviennent plus fréquentes ; il s'amuse seul, le plus souvent couché par terre, sans jamais demander à marcher. »

Telle est l'histoire, un peu schématique peut-être, mais presque toujours identique, de ces jeunes sujets que la paralysie spinale a insidieusement frappés, au cours d'une rougeole bénigne, d'une scarlatine à peine ébauchée, d'une dentition difficile, suivie de quelques accès de fièvre, passés inaperçus ou de trop faible intensité pour avoir éveillé la moindre crainte dans l'esprit des parents.

Ces quelques renseignements sur les antécédents du jeune enfant, qu'on nous amène, éclaireront déjà notre diagnostic. Ce qu'il faudra surtout noter, c'est que, chez ce dernier, la marche est restée, longtemps après la naissance, régulière et facile, que les troubles fonctionnels ne sont survenus que très tard, qu'ils datent seulement du jour où une maladie infectieuse, frappant le jeune enfant, marquait le premier épisode pathologique de sa vie. On ne manquera pas aussi d'attacher une grande importance à ces chutes fréquentes, que rien ne pouvait le plus souvent expliquer, à cet état languissant et à cette paresse physique qu'a manifestés de bonne heure, dès les premiers jours de sa convalescence, le petit paralytique ; et ces quelques détails présenteront toujours d'autant plus d'intérêt que, dans bien des cas, l'enfant ne paraîtra point souf-

frir dans son état général, qu'un embonpoint trompeur
lui donnera toute l'apparence d'une santé excellente.

Connaissant bien maintenant les antécédents de notre
petit malade, quels sont les signes cliniques qui nous
permettront d'affirmer notre diagnostic, nous assure-
ront que nous avons affaire à une hanche paralytique.
Qu'on déshabille entièrement l'enfant, qu'on le présente
tout nu devant nous ; aucun détail ne doit échapper à
notre inspection.

Ce qui attire alors surtout notre attention, c'est
l'aspect particulier que nous offre le membre malade.
Nous ne saurions donner une description d'ensemble
de la hanche paralytique, dépeindre dans un tableau
unique sa physionomie anatomique. La paralysie
spinale infantile est, en effet, le plus souvent capri-
cieuse dans ses manifestations. Parfois elle a frappé
d'emblée toute la musculature du membre inférieur ;
dans certains cas, au contraire, elle a es pecté certains groupes musculaires ; l'atrophie n'est que
partielle et n'intéresse seulement que quelques muscles. C'est cette irrégularité dans la distribution des
amyotrophies d'origine spinale, qui donne précisément à la hanche paralytique un aspect des plus varia-
bles. Nous ne croyons pas inutile, avant d'aller plus
loin dans notre étude clinique, de donner un aperçu
rapide sur les différentes variétés que peut offrir au
clinicien la *hanche paralytique*.

II. Variétés cliniques de la hanche paralytique.

D'après les nombreuses observations personnelles que nous avons pu relever sur de jeunes paralytiques, nous croyons devoir distinguer avant tout deux grandes classes de hanches paralytiques. Dans l'une de ces classes nous rangeons la *hanche paralytique flasque*, dans l'autre la *hanche myopathique* avec rétractions musculaires, consécutives à la lésion paralytique.

Cette distinction nous paraît avoir une importance capitale, tant au point de vue du diagnostic de la lésion articulaire d'origine myopathique, qu'à celui de la pathogénie de cette affection.

Dans la *paralysie flasque*, l'amyotrophie peut être généralisée à tout le membre inférieur, ou localisée seulement sur certains groupes musculaires ; il est donc nécessaire de distinguer déjà la *paralysie flasque* totale de la *paralysie flasque partielle*, la première donnant au membre malade un aspect bien différent de celui que peut offrir une paralysie seulement partielle.

Quand la paralysie spinale a frappé d'emblée toute la musculature du membre inférieur, quand cette paralysie, sans avoir régressé, est restée flasque, ce n'est souvent que bien après l'apparition des lésions médullaires que la seule inspection permet de distinguer le membre sain du membre paralysé. Chez la plupart des jeunes enfants qu'il nous a été donné d'examiner quelques mois seulement après le début de la pa-

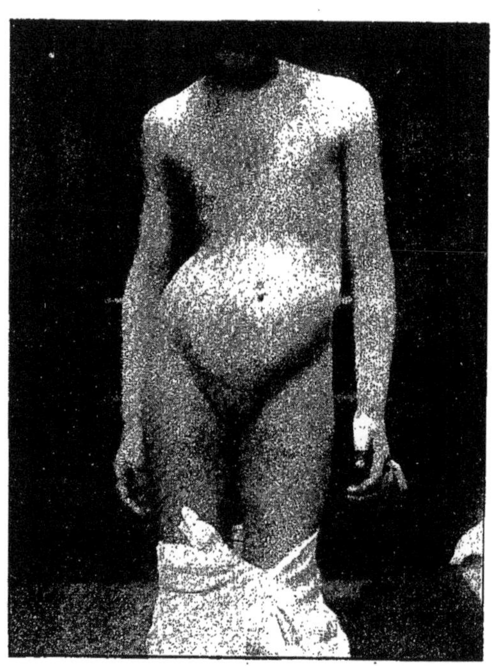

Planche I. — Amyotrophie de la fesse et de la cuisse droites, sans rétraction musculaire. — Scoliose paralytique.

ralysie, il nous a toujours été difficile de reconnaître à la vue le côté atteint. Le plus souvent, en effet, chez ces tout jeunes enfants, l'amyotrophie est longtemps très peu apparente, grâce à l'épaisse couche de graisse qui cache les saillies musculaires; l'exploration électrique et l'étude des mouvements actifs permettent seules de juger, dans ces cas, de l'importance et de l'étendue de l'amyotrophie. Mais au fur et à mesure que le petit paralytique grandit, les manifestations de la déchéance musculaire s'accentuent davantage; après quelques années, parfois même seulement après quelques mois, l'aspect que présente le membre atteint devient caractéristique, et témoigne, de la façon la plus évidente, des troubles trophiques qui, intéressant à la fois le squelette et la musculature, étaient restés plus ou moins longtemps méconnus. Le plus souvent, toute mensuration est inutile : la diminution du volume et de la longueur du membre paralytique est des plus manifestes. Le raccourcissement, dû seulement au défaut de croissance du squelette, peut atteindre plusieurs centimètres ; le volume de la cuisse peut être diminué de moitié.

Quand la paralysie n'est que partielle, l'amoytrophie intéresse plus particulièrement les groupes des fessiers et des pelvi-trochantériens. Dans ce cas, il est parfois très difficile d'apprécier, à l'inspection du malade, la différence qui peut exister entre le membre sain et le membre malade. On pourra remarquer que, d'un côté, la fesse est nettement saillante et potelée, tandis que, du côté opposé, le pli, au contraire, en est mal accusé, anormalement relevé ou abaissé ; les saillies musculaires paraissent comme fondues. Toutefois, ces signes sont très inconstants, étant donné l'extrême abondance du tissu adipeux qui, normalement, recouvre chez l'enfant les parties charnues ; nous ne les avons, pour notre part, que très rarement observés même chez de jeunes sujets, dont l'amyotrophie remontait déjà à plusieurs mois.

Nous attachons une plus grande importance à un signe clinique qui fait bien rarement défaut chez les enfants dont la musculature de la hanche est insuffisante, et qu'il est aisé d'observer quand on oblige le petit paralytique à rester quelques instants debout et sans appui. On voit alors ce dernier porter tout le poids de son corps sur une seule jambe, tandis que le membre resté libre se placera le plus souvent en légère flexion, avec rotation plus ou moins marquée en dehors ou en dedans. Quand ce signe s'accompagne d'une déviation nettement accusée de la colonne dorsale, une légère inclinaison du bassin, on est, croyons-nous, toujonrs en droit de supposer qu'il existe déjà une insuffisance fonctionnelle de la musculature de la hanche, plus ou moins masquée par le degré d'embonpoint de la fesse, mais toujours capable de provoquer une semblable perturbation dans la statique normale du corps.

Tout autre est l'aspect des petits paralytiques chez lesquels la paralysie musculaire s'est compliquée de déformations multiples du membre inférieur. Quand la lésion médullaire n'a pas retenti d'une façon uniforme sur toute la musculature de la hanche, les groupes musculaires les moins atteints, ceux que

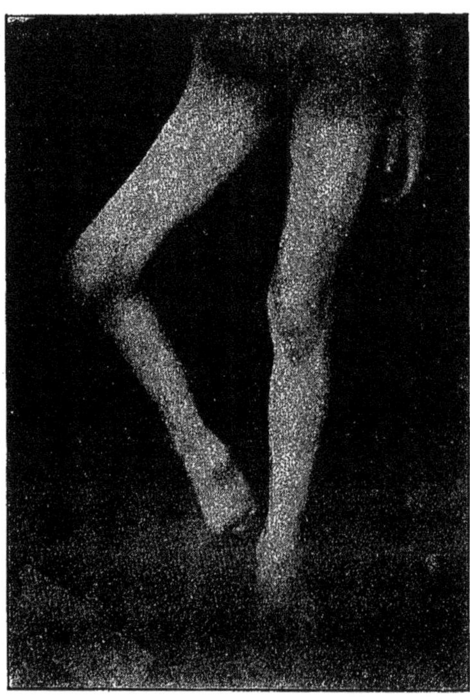

PLANCHE II. — Paralysie infantile particlle du membre inférieur droit.
Déformation et déviation consécutives, par rétractions musculaires.

l'atrophie peut encore ne pas avoir frappés, sont souvent le siège de phénomènes pathologiques qui aggravent considérablement les troubles fonctionnels du malade. L'action des muscles restés sains n'étant plus contre-balancée par l'action insuffisante des antagonistes atrophiés ou complètement dégénérés, on voit tôt ou tard se produire des rétractions de quelques groupes isolés, qui, désormais, commandant seuls aux leviers osseux, sont la cause de ces déformations parfois excessives, des situations vicieuses exagérées qu'offrent bien souvent les membres des jeunes paralytiques (pl. II). Au début de l'affection, ces rétractions musculaires ne se manifestent que par quelques saillies anormales qui apparaissent sous les téguments amaigris, par une sensation de corde tendue sous la peau, qu'elles donnent au palper explorateur. Mais avec le temps, ces phénomènes de rétraction s'accentuent davantage, et il peut arriver dans certains cas que la la cuisse demeure solidement fixée en position vicieuse, tandis que la jambe elle-même se fléchit fortement, que le pied devient *varus équin*.

Nous verrons plus loin quelle est l'explication plausible de ces rétractions musculaires, et en même temps le rôle important qu'elles jouent dans l'évolution de ces lésions articulaires, d'origine musculaire, qu'entraîne le plus souvent avec elle la paralysie spinale infantile. Remarquons seulement ici que ces paralysies infantiles, compliquées de rétractions, ne sont que partielles dans la plupart des cas. Les groupes musculaires rétractés sont toujours ceux que la paralysie a respectés, ou tout au moins le plus épargnés,

III. **Examen objectif de la hanche paralytique**.

Si nous avons insisté sur les variétés cliniques que peut offrir aux chirurgiens l'amyotrophie de la hanche chez l'enfant, c'est que la connaissance de celles-ci doit le plus souvent éclairer le diagnostic, que l'importance des rétractions musculaires survenant au cours de la paralysie infantile est capitale dans l'évolution des lésions articulaires que nous étudions. Avant d'explorer l'articulation de la hanche, le chirurgien ne manquera pas de demander aux parents du petit malade si, à une certaine époque, on n'a pas observé de la raideur dans le membre paralytique, si les mouvements de ce dernier ont toujours été aussi faciles, aussi étendus qu'ils le sont au moment de l'examen. Il ne faut pas, en effet, oublier que si dans bien des cas, les rétractions musculaires persistent assez longtemps pour amener des déformations durables, il peut arriver aussi qu'avec le temps ces rétractions s'atténuent, disparaissent même, qu'une paralysie, flasque au début, redevienne flasque à sa dernière période. La physiologie pathologique ne nous enseigne-t-elle pas que tout muscle trop longtemps rétracté dégénère, se transforme en un tissu fibreux, qui, rigide et inextensible pendant un certain temps, finit tôt ou tard par céder à l'action de la pesanteur, et peut encore permettre au membre paralytique, grâce à une extension passive, les mouvements passifs les plus étendus? C'est là un phénomène que nous avons pu nous-même bien observer, sur de jeunes animaux paralytiques qui ont servi à notre expérimentation, et dont nous donnerons plus loin les curieuses observations.

Mais nous voici maintenant suffisamment renseignés sur les antécédents de notre petit malade. Notre seule inspection nous a permis de constater une amyotrophie plus ou moins manifeste de la hanche. C'est un petit paralytique que nous avons devant nous ; mais la paralysie a-t-elle provoqué chez ce dernier un trouble articulaire quelconque ? Quels signes cliniques aurons-nous pour nous permettre d'affirmer notre diagnostic ?

Nous devons être avant tout prévenus que nous pouvons retrouver chez notre malade tous les signes manifestes d'une luxation coxo-fémorale typique, comme aussi nous pouvons nous trouver en présence de troubles articulaires assez peu marqués pour laisser notre diagnostic en suspens, et ne point oser affirmer, sur les seules données de la clinique, que, malgré des troubles fonctionnels très accusés, il n'existe pas de luxation.

Envisageons d'abord les cas faciles, ceux où le déplacement des surfaces articulaires est nettement constatable. Nous verrons ensuite comment, dans les cas plus difficiles, nous pourrons pousser plus avant dans notre diagnostic.

Nous donnons ici les quelques observations que les auteurs nous ont laissées de *hanches paralytiques*.

Toutes ces observations mentionnent des luxations coxo-fémorales, survenues au cours de la paralysie infantile ; on y retrouvera tout le tableau des signes cliniques de ces lésions articulaires myopathiques.

OBSERVATION I (Dr Dally).

Un jeune garçon de onze ans avait eu, à trois ans, une maladie aiguë avec convulsions. Après la guérison s'étaient montrés, en plusieurs régions du corps, des symptômes de paralysie musculaire dont les traces sont aujourd'hui manifestes, surtout sur les membres inférieurs.

Il y a d'abord un double varus équin, puis à droite une atrophie du triceps crural, enfin à gauche une déformation plus complexe.

La cuisse, abandonnée à elle-même dans le décubitus dorsal, ou lorsqu'on suspend l'enfant par les aisselles, se fléchit sur le bassin et se porte dans l'adduction et la rotation en dedans ; le grand trochanter devient saillant ; le pli inguinal plus profond ; la fesse est extrêmement aplatie et presque vide de parties molles ; le reste de la cuisse ne présente rien de particulier, sauf à la partie interne une saillie notable formée par les adducteurs. Cette attitude ne reste ni permanente, ni volontaire, elle semble résulter de l'action spontanée des adducteurs et du psoas, auxquels les fessiers ne font plus équilibre. La flexion forcée combinée à l'adduction et à la rotation en dedans faisait saillir fortement la tête fémorale, qui semblait flotter entre l'os iliaque et la peau. La luxation, par cette manœuvre, se produisait avec une telle facilité, qu'un spécialiste d'une grande expérience n'avait pas hésité à déclarer qu'il existait une luxation spontanée du fémur gauche.

M. Verneuil n'admit pas qu'il y eût un déplacement permanent ; il constata cependant que la luxation était possible.

OBSERVATION II (Dr Dally).

Un jeune enfant de quatre ans est adressé au Dr Dally par
M. le Dr Dussart, au mois de septembre 1873. La claudication
excessivement légère, qui tout d'abord avait éveillé les craintes
du médecin ordinaire de la famille, avait disparu. Il existait une
certaine saillie du trochanter et quelques millimètres de raccourcissement ; enfin la hanche était douloureuse à la pression.

Mais l'atrophie paralytique avait surtout frappé, dans ce cas,
le jambier antérieur. Le pied se relevait faiblement à l'aide de
l'extenseur commun des orteils qui étaient en griffe, et il s'était
formé par suite de la prédominance des fléchisseurs, un certain
degré d'équinisme qui s'aggravait chaque jour. L'enfant marchait habituellement sur les orteils, et c'est à ce fait qu'il faut
attribuer la disparition de la claudication, et peut-être, dans une
certaine mesure, sa guérison ; car la marche sur les orteils exige
un effort spécial des muscles de la hanche, de nature à prévenir
la subluxation par l'action du poids du corps.

Ce cas paraît donc offrir une atrophie musculaire disséminée
des muscles de la hanche et de la jambe, avec déformation articulaire très légère, spontanément guérie d'un côté et aggravée de
l'autre.

OBSERVATION III (Dr Dally).

La jeune Marie G...., âgée de cinq ans, fille de cultivateurs
aisés du département de l'Orne, me fut présentée, le 23e janvier
1873. Elle offrait une claudication très marquée et double. Elle
roulait en marchant avec une inclinaison latérale plus marquée
à droite qu'à gauche. Ses parents jouissaient d'une bonne santé ;

ils n'ont pas d'autres enfants. La jeune Marie, qui passait pour
une fille forte parce qu'elle était volumineuse, n'a jamais été
malade, sauf quelques accidents de dentition. Elle paraissait
bien conformée, mais elle n'a marché que vers l'âge de dix-huit
mois; on remarqua qu'elle marchait mal et tombait souvent; à
cet égard, les choses allèrent toujours en empirant Plusieurs
médecins furent consultés, et prescrivirent des frictions avec
quelques liniments, supposés fortifiants, qui n'eurent aucune
action sur la marche croissante de la claudication.

Le 26 janvier, nous avons constaté l'atrophie des muscles de
la hanche et de ceux de la région antérieure et supérieure de la
cuisse. Les premiers répondent faiblement à l'excitation électrique par courants induits. Le pincement superficiel ne donnait lieu à aucun mouvement réflexe. L'enfant, étant placée sur
le ventre, offrait un aplatissement sensible de la région fessière,
surtout à droite. Il existait en outre, une ensellure considérable
et le ventre était saillant en avant.

Couchée sur le dos, l'enfant offre une différence de longueur
d'environ 1 centimètre, au profit de la jambe gauche. Mais en
allongeant légèrement la jambe, ou en disant à l'enfant de
s'étendre, cette inégalité disparaît aussitôt et ne se reproduit
que quand on l'examine à l'improviste, sans qu'elle ait eu le
temps de corriger cette inégalité. D'ailleurs, elle la corrige sans
abaisser le bassin droit. Il s'agit donc là d'une attitude vicieuse
du membre et probablement d'une légère flexion du genou. La
saillie trochantérienne est plus rapprochée qu'à l'état normal de
l'épine iliaque antéro-supérieure; les trochanters sont littérale-
ment plus saillants. surtout à gauche, qu'ils ne devraient l'être,
et la dépression postérieure est presque effacée.

Le pli de l'aine n'est aucunement déprimé; il paraît au contraire plus plein. On sent, surtout à droite, entre le trochanter
et l'épine iliaque inférieure et antérieure, au niveau du bord
supérieur du cotyle, un empâtement fibro-plastique élastique,
dont il est difficile de déterminer la nature. Il existe une légère
déformation costo-sternale. Rien du côté des vertèbres.

Tous les mouvements imprimés à la jointure sont libres et

plus étendus qu'à l'état normal. On remarque seulement que quand on tire sur la cuisse ou quand on la tourne en dedans, il se produit un bruit articulaire sourd, mais très distinct, et la main, appliquée sur le genou, perçoit un léger ressaut. Quand on porte le membre dans la flexion forcée et dans l'adduction, on sent assez nettement la tête du fémur, surtout à droite, dans la fosse iliaque externe.

La marche offre l'oscillation latérale pathognomonique, avec abaissement du corps plus marqué vers le côté droit. Jamais les genoux ne s'étendent ; ils s'entre-croisent, et chaque pied est posé du côté opposé, un peu au delà de la ligne médiane.

Le diagnostic fut : « luxation juxta-cotyloïdienne en haut et en dehors, par atrophie paralytique des muscles de la hanche, des lombes et de la cuisse, principalement des extenseurs. »

OBSERVATION IV (Reclus, 1873).

Luxation iliaque gauche, survenue à l'âge de sept ans et consécutive à une paralysie infantile. — Atrophie des muscles fessiers et pelvi-trochantériens. — Persistance fonctionnelle des autres groupes musculaires et, en particulier, des adducteurs de la cuisse.

A..., étudiant en droit, âgé de vingt-cinq ans, se présente à l'hôpital de la Pitié, le 16 avril 1873, pour consulter M. Verneuil sur un trajet fistuleux qu'il porte dans la région trochantérienne du membre inférieur droit.

Il nous raconte que dans son enfance sa santé était bonne, et bien que sa santé fût délicate et son tempérament lymphatique, il ne fit aucune maladie assez sérieuse pour que sa famille et lui en aient gardé le souvenir. Mais, vers l'âge de sept ans, il fut atteint assez violemment pour être forcé de prendre le lit. Les renseignements qu'il nous donne à ce sujet sont peu précis ; un gonflement apparut presque simultanément au talon gauche, au poignet droit et dans la région hyoïdienne. En ce dernier point, la tuméfaction était telle que les parties profondes, pharynx et œsophage furent comprimés, ce qui détermina de la dysphagie. Ce qu'il advint de ces tumeurs, nous ne saurions le dire ; mais le fait important, c'est qu'à la même époque et tandis que notre malade était encore au lit, la fièvre s'alluma très vive, de légères convulsions se déclarèrent, puis quelques contractures. Notre malade se rappelle que les phénomènes paralytiques débutèrent par le membre inférieur gauche ; le droit fut pris ensuite ; ils s'étendirent bientôt aux membres supérieurs et aussi bien dans le droit que dans le gauche. Les mouvements volontaires avaient en partie disparu. L'ensemble de ces accidents cloua notre malade dans son lit ; il n'en sortit qu'au bout de trois ans. Encore gardait-il, comme reliquat de sa paralysie infantile, une luxation iliaque gauche des plus manifestes.

Lorsqu'il nous fut donné de l'examiner, voici ce que l'on constata : Dans le décubitus dorsal, une inclinaison du bassin telle que l'épine iliaque antérieure et supérieure est, à gauche, moins haute qu'à droite de 1 cm. 50 environ. La mensuration est des plus explicites d'ailleurs, et permet en même temps de reconnaître, pour le membre gauche tout entier, un raccourcissement réel de 7 centimètres. Le pli fessier est remonté à gauche, et l'on trouve par la palpation, à travers la masse des muscles relâchés, une tumeur dure et très accessible, et qui n'est autre que la tête fémorale. Elle est mobile sous les parties molles, et suit les mouvements que l'on imprime au membre inférieur. La luxation n'est donc point douteuse, et la tête du fémur repose dans la fosse iliaque externe. Nous ajouterons que le grand trochanter est projeté en haut et en avant, que la cuisse est dans l'extension, que le pli fessier est plus élevé que celui du côté opposé, et qu'enfin, dans la station debout, le pied en équinisme, fortement étendu sur la jambe, repose sur sa pointe.

Mais il nous semble que l'intérêt de cette observation repose surtout dans l'étude des masses musculaires. Le malade peut faire exécuter à la cuisse des mouvements très étendus de flexion et d'adduction, et les muscles qui déterminent ces mouvements paraissent avoir conservé toute leur activité fonctionnelle. Mais, d'autre part, l'abduction et la rotation en dehors sont absolument impossibles, quel que soit l'effort tenté par le malade. Le membre ne peut obéir et reste inerte. Or, si l'on examine avec soin la région des muscles fessiers et pelvi-trochantériens, qui devraient, par leur contraction, provoquer ces mouvements, on la trouve aplatie, molle, dépourvue de saillies musculaires bien nettes : il y a évidemment atrophie des pelvi-trochantériens et des fessiers. Cette atrophie ressort d'autaut plus, on la remarque d'autant mieux, qu'elle contraste avec la persistance fonctionnelle des adducteurs que, dans la palpation, on sent se contracter sous la main.

OBSERVATION V (Reclus, 1878).

Paralysie infantile à l'âge de six mois, ayant déterminé l'atrophie de groupes musculaires nombreux. A droite, paralysie des fessiers et des pelvi-trochantériens avec persistance fonctionnelle des adducteurs ; luxation iliaque consécutive. A gauche, atrophie des adducteurs, absence complète de lésion du côté des fessiers, pas de luxation de la hanche.

B..., âgé de cinquante ans, entre, le 3 mai 1877, à l'hôpital de la Pitié, dans les salles de M. Gombault, pour des déformations multiples d'origine nerveuse, dont le progrès incessant nécessitait son admission.

Il nous raconta que, vers l'âge de six mois, il fut pris de convulsions généralisées qui le laissèrent dans un état de très grande faiblesse. Il ne pouvait guère remuer dans son lit ; en tout cas, le membre inférieur droit paraissait complètement paralysé. Cependant, les symptômes paralytiques ne tardèrent pas à s'amender, même dans le membre inférieur droit, à tel point que la marche devint possible; mais, vers quatre ans et demi, la progression qui s'effectuait assez bien, se troubla peu à peu, et bientôt on put noter un raccourcissement considérable du membre inférieur droit, une forte claudication en fut la conséquence naturelle.

Notre petit malade allait tant bien que mal sur sa jambe boiteuse. Son adolescence se passa sans troubles appréciables; son état général n'était pas mauvais; les désordres musculaires ne s'aggravaient point. A vingt-trois ans, il se mariait et devint père de deux enfants, dont la santé, jusqu'à cette heure, a toujours été bonne. Mais, vers trente-cinq ans, de nouveaux troubles nerveux se révèlent par des lésions profondes du côté des muscles. Le membre inférieur gauche, qui jusque-là était absolument indemne, se prend à son tour; des douleurs se déclarent dans la cuisse, et les muscles s'atrophient à tel point, que leur masse est bientôt inférieure à celle des muscles du côté droit; puis, de la cuisse gauche, les douleurs et l'atrophie passent dans la jambe et le pied droits. Plusieurs groupes musculaires sont atteints, mais les altérations étaient restées confinées dans les membres inférieurs, lorsque, il y a quatre ans, le malade s'aperçut que son bras droit faiblissait. Dans son métier de tailleur, il ne pouvait que difficilement retourner le carreau pour l'approcher de la joue; souvent même, dans cette manœuvre, il se brûlait l'avant-bras en laissant retomber le fer; il faut ajouter que le bord spinal de l'omoplate abandonnait la paroi thoracique, par suite de l'atrophie du muscle grand dentelé. Cette atrophie, précédée de douleurs légères dans les deux épaules, se montre aussi bien à droite qu'à gauche. A l'hôpital, de nouvelles douleurs éclatent, qui siègent maintenant, les unes au niveau du coude, les autres dans la région de l'épaule. La sensibilité est parfaite sur toute l'étendue des téguments.

Lorsqu'on examine le malade dans le décubitus dorsal, on constate que le membre inférieur droit est beaucoup plus court que le gauche. Il mesure environ 9 centimètres de moins que celui de gauche au niveau de la cuisse. Mais à la hanche nous trouvons les déformations caractéristiques; le pli fessier est plus élevé que celui du côté opposé; le grand trochanter, qui fait saillie en avant, est remonté, et son bord supérieur atteint la crête iliaque; enfin l'on sent la tête du fémur qui roule dans la fosse iliaque externe, au-dessous des muscles de la fesse, en grande partie atrophiés. En effet, ces muscles sont mous, flasques, incapables de se contracter per action réflexe, lorsqu'on pince la peau de cette région; de quelque façon que l'on s'y prenne, on ne peut leur voir exécuter le moindre mouvement. Mais, d'autre part, si l'on met le membre dans l'abduction, le malade le reporte très facilement en dedans : l'adduction est parfaite; l'abduction spontanée et la rotation en dehors sont presque impossibles. De ces symptômes fonctionnels, nous pouvons conclure que dans le membre inférieur droit, qui fut primitivement paralysé, la plupart des muscles ont recouvré leur activité, surtout les adducteurs; mais leurs antagonistes, les fessiers, et avec eux les pelvi-trochantériens demeurent atrophiés.

A gauche, il n'y a pas de luxation, mais l'atrophie musculaire y est plus étendue; si l'on fait exécuter au membre les mêmes manœuvres, on constate : 1º que les adducteurs sont paralysés, mous, sans résistance, et l'on trouve que le relief qu'ils forment normalement est remplacé par une dépression; 2º que le triceps fémoral est moins volumineux que celui opposé, sans cependant être paralysé; il en est de même des muscles du mollet; 3º que les muscles de la cuisse sont impuissants à fléchir la jambe; 4º enfin que les muscles fessiers sont intacts : la fesse est dure, rebondie, se contracte vivement lorsqu'on en pince la peau; les mouvements d'abduction et de rotation sont des plus faciles, et d'autant plus rapides que les antagonistes des fessiers, les adducteurs sont paralysés. Nous ajouterons que le relief du psoas iliaque existe encore, et forme au-devant de la capsule fibreuse une couche épaisse, qui maintient la tête fémorale et s'oppose à la luxation en avant.

En résumé, les muscles de la cuisse semblent avoir été tous atteints, mais si chez les uns la paralysie semble avoir été complète, elle n'a été que partielle chez les autres. Les fessiers et les pelvi-trochantériens ont été épargnés. La tête fémorale n'est pas luxée.

De l'ensemble de ces symptômes, il serait facile de conclure que la marche doit être fort difficile. Elle est possible cependant, malgré les luxations et les atrophies musculaires; le malade supplée au raccourcissement du membre inférieur droit par l'équinisme du pied et l'inclinaison du bassin,

OBSERVATION VI (Verneuil, 1890).

Jeune homme de vingt-deux ans, entré au début de l'année 1890, à l'hôpital de la Pitié. Déformations considérables de la région sous-ombilicale du tronc et des membres inférieurs.

En-examinant le patient, soit debout, soit dans le décubitus dorsal, on est frappé du contraste qui existe entre les deux moitiés du corps. La tête, le thorax, les bras sont convenablement développés.

Au contraire, le bassin est étroit et recouvert d'une mince couche musculaire; les cuisses, les jambes, les pieds, atrophiés à un très haut degré, sont dépourvus de mouvements volontaires.

A gauche, le pied est dans l'extension sur la jambe, celle-ci légèrement penchée sur la cuisse. La cuisse, au contraire, fait avec le bassin un angle presque droit. Ces attidudes sont le résultat de la rétraction lente des extenseurs du pied et des fléchisseurs de la jambe et de la cuisse.

Un seul des muscles de ce segment, le tenseur du *fascia lata* conserve un peu de son volume et de son énergie; les muscles fessiers et les autres pelvi-trochantériens sont flasques et réduits à peu de chose.

Les articulations tibio-tarsiennes, fémoro-tibiale, et coxo-fémorales sont saines; elles sont flottantes par suite de l'atrophie musculaire, mais sans déformation ni déplacement.

A droite, les lésions musculaires sont absolument semblables pour le pied et la jambe, la cuisse et le bassin; toutefois, à la cuisse, les adducteurs et le triceps fémoral ont échappé au désastre, le psoas iliaque a également conservé sa contractilité.

Comme de l'autre côté, on constate l'extension du pied et la flexion de la jambe sur la cuisse, avec mobilité anormale, mais conservation de la forme du cou-de-pied et du genou. En revanche, l'articulation coxo-fémorale, complètement disloquée, offre le type de la luxation dite congénitale. La cuisse est en flexion permanente et en rotation en dedans. Le grand trochanter fait une première saillie, derrière laquelle on en reconnaît une seconde, formée par la tête fémorale aplatie, volumineuse, placée dans la fosse iliaque, au-dessus et en arrière du cotyle, et à laquelle on imprime, en portant la cuisse dans la flexion, la rotation en dedans et l'adduction, des mouvements passifs très étendus, faciles à suivre par l'œil ou le toucher, tant la couche des parties molles à peu d'épaisseur. D'ailleurs, aucune douleur, aucun signe d'arthrite ancienne ou récente en aucun point de ces membres, mais incapacité fonctionnelle absolue, la marche s'effectuant avec des béquilles, sans qu'aucun des deux membres soit du moindre secours.

Ce jeune homme a fort bien marché jusqu'à l'âge de six ans. L'affection date seulement de cette époque.

OBSERVATION VII (Chantrel).

Le 6 mai 1899, se présente à la consultation de M. le Dr Bouvins, une petite fille de six ans, Emma X...., de W. (Alsace), atteinte de paralysie infantile, localisée au membre inférieur droit. L'affection a débuté il y a quatre ans.

La hanche droite est flottante, luxée en position ischio-pubienne. On sent très bien, en palpant la région inguinale, la tête du fémur située au niveau du trou ovale. La rotation externe, la flexion de la cuisse sur le bassin, l'effacement du pli fessier, l'aplatissement de la fesse, l'abaissement du grand trochanter au-dessus duquel la ligne de Nélaton, l'impotence fonctionnelle, ne permettent pas d'hésiter sur le diagnostic. L'enfant porte son membre en flexion de la cuisse sur le bassin, et de la jambe sur la cuisse, mais ne pose pas le pied à terre ; elle marche au moyen d'une béquille.

Le genou droit est déformé en genu valgum. Les ligaments sont flasques. La cuisse droite mesure 26 centimètres au pli fessier, la gauche 33 centimètres.

Les mollets, à leur partie la plus saillante, mesurent à droite 16 centimètres, à gauche 12 centimètres.

L'enfant a toujours été d'une santé générale très bonne.

OBSERVATION VIII (Chantrel).

Emile D...., âgé de quatre ans, demeurant à Lille, rue de la Gendarmerie, 5 bis, s'est présenté à la consultation de M. le Dr Guermonprez, le 5 mai 1898, à l'hôpital Saint-Antoine-de-Padoue.

L'enfant est atteint de paralysie infantile avec luxation de la hanche en avant du membre inférieur droit : le pied et le genou sont en rotation externe ; le membre est en abduction avec flexion de la cuisse sur le bassin. On trouve très bien dans la région inguinale la tête du fémur basée sur l'os pubien ; le creux normal de cette région est effacé ; l'épine iliaque du côté droit est plus basse que celle du côté gauche. En arrière le pli fessier est effacé ; la fesse est aplatie.

Les masses musculaires sont atrophiées, flasques dans toute l'étendue du membre. La marche est impossible.

OBSERVATION IX (Chantrel).

H. B..., est né à Paris le 1er avril 1887 ; il a commencé à marcher à l'âge d'un an.

Sa santé avait toujours été parfaite lorsque, à l'âge de dix-huit mois, il fut brusquement atteint d'une hémiplégie du côté droit

Pendant la première semaine, le traitement a consisté en un purgatif quotidien et une diète presque complète.

A partir de la seconde semaine, les bains tièdes alcalins furent renouvelés aussi fréquemment que le permettait l'état de faiblesse du petit malade.

Après chaque bain, on constatait une petite amélioration dans chacun des deux membres paralysés.

Au bout de vingt et un jour, l'enfant recommence à marcher, et il se sert utilement de son membre supérieur.

A la suite de cette maladie, l'enfant reste d'une santé délicate, qui exige des soins assidus jusque vers l'âge de sept ans.

A partir de cet âge, l'état général devient meilleur ; mais la paralysie infantile n'est pas complètement guérie. Au membre supérieur il subsiste une débilité qui gêne l'enfant, et l'amène inconsciemment à devenir gaucher.

Au membre inférieur, la parésie présente une importance réelle au niveau du cou-de-pied; il en résulte une déviation paralytique en valgus ; une chaussure appropriée corrige peu à peu cette difformité, et l'adolescent réussit à monter à bicyclette aussi bien que ses camarades.

25 décembre 1897. — Au retour d'une longue course à bicyclette, H. B..., alors âgé de onze ans, éprouve une sensation de fatigue tellement importante, qu'il se met immédiatement au lit.

Malgré le repos, il souffre de vives douleurs dans le genou droit.

Quand il marche, il présente une boiterie très disgracieuse, avec flexion partielle du genou, en prenant point d'appui sur le bout du pied seulement.

10 janvier 1898. — M. le Dr Valadier, de Paris, constate que le membre inférieur droit présente un allongement apparent de 1 centimètre 1/2, puis il étudie le petit malade en consultation avec le professeur agrégé Marchand; la conclusion est le diagnostic de coxalgie du côté droit, et la prescription d'un appareil à tuteurs d'acier comprenant une partie du tronc et la totalité du membre inférieur dont il s'agit.

15 mars. — Il s'est présenté à la consultation de M. le Dr Salmon : l'allongement apparent du membre inférieur droit est de 2 cent. 1/2 ; l'atrophie est évaluée, au pli fessier, à 1 centimètre par rapport au côté sain ; le membre malade, outre l'allongement, présente de l'abduction et de la rotation en dehors ; la flexion, possible jusqu'à un certain degré, ne peut s'achever : l'enfant ne peut croiser le membre inférieur droit sur le gauche, ne peut s'asseoir sur les talons : la pression est douloureuse dans la région inguinale. La palpation y permet de découvrir une tumeur bien limitée, dure, sphéroïdale, qui se meut sous le doigt quand on imprime de légers mouvements de rotation au membre correspondant. Le pli fessier du côté malade est abaissé et presque complètement effacé. La conclusion est qu'il s'agit d'une luxation en avant de la hanche droite.

La réduction est faite séance tenante. Après application d'un bandage qui fait la contention, on met l'enfant au lit.

Le 25 mars, l'enfant marche correctement : les deux membres inférieurs ont une attitude normale et ne présentent aucune différence de longueur.

Jusqu'au 17 avril suivant, on soumet le petit malade à des séances semi-quotidiennes de massage et d'assouplissement.

A partir de cette époque, l'enfant a parfois éprouvé de petites fatigues qui le faisaient un peu boiter, mais après de bonnes frictions, soit à l'alcool camphré, soit au baume Nerval, cette fatigue et cette claudication disparaissent.

Jusqu'au mois d'octobre, l'enfant est resté à Paris, prenant des précautions, spécialement quand il s'agissait de descendre les escaliers.

Depuis le 1er octobre, il est en pension dans un collège au bord de la mer. On lui fait suivre un régime qui consiste à prendre des bains de mer chauds, à se faire frictionner deux fois par jour sur le côté droit avec de l'alcool camphré.

5 mars 1899. — Le père écrit que son fils marche, court, se

baisse, se lève et s'amuse avec tout l'entrain d'un enfant en parfaite santé.

OBSERVATION X (Dr Dally).

Une enfant de cinq ans, d'une faible constitution, avait marché tard et toujours mal. Elle boitait du côté gauche et tombait très souvent. M. Verneuil, consulté après d'autres médecins, ne trouva aucune trace de coxalgie ; il constata que tout le membre était atrophié à un degré notable. Ce membre est plus court et ne touche le sol que grâce à l'abaissement du bassin du même côté. L'amaigrissement porte principalement sur la région de la hanche et sur la fesse. Le grand trochanter est saillant. En couchant l'enfant sur la hanche saine et en portant la cuisse gauche dans la flexion avec adduction et rotation en dedans, on fait saillir la tête sous les parties molles amincies, et si, dans cette attitude, on pousse le fémur en arrière en pressant sur le genou, la tête sort évidemment de la cavité cotyloïde ; en ramenant la cuisse à la rectitude, la déformation disparaît, et la réduction se fait en s'accompagnant d'un léger bruit, ou tout au moins d'une sensation de ressaut nettement perceptible. Le diagnostic fut ainsi formulé : paralysie incomplète du membre inférieur gauche avec atrophie de toutes les parties constituantes, affaiblissement musculaire portant surtout sur le groupe pelvi-trochantérien. Relâchement consécutif des moyens d'union de l'articulation coxo-fémorale.

Un traitement spécial fut prescrit, mais ne fut pas suivi. L'enfant est toujours restée dans le même état.

OBSERVATION XI (Dr Dally)

M. le Dr Cornil, médecin des hôpitaux, adressa au Dr Dally, le 2 mai 1873, le jeune J..., âgé de quatre ans, d'une famille de l'Allier. Cet enfant était affecté d'une claudication dont la cause était demeurée obscure En effet, dans le décubitus horizontal, on ne constatait aucune saillie anormale, aucune déformation, aucun raccourcissement certain des membres inférieurs.

Toutefois, on remarquait un certain degré d'hypertrophie de la jambe droite vers son tiers inférieur. En outre, un examen plus complet révélait une légère scoliose dorsale à convexité gauche, voussure des côtes, etc..., et enfin une hypertrophie des muscles de l'épaule avec attitude vicieuse du scapulum. J'appris que l'enfant avait eu, dix mois auparavant, des convulsions, une fièvre de quelques jours, à la suite de laquelle il était resté pendant plus de trois semaines sans pouvoir se tenir debout. Peu à peu, les forces étaient revenues, et sans la claudication qui existait depuis ce moment et qui allait toujours s'aggravant, personne n'eût songé à l'examiner. En plaçant l'enfant dans le décubitus ventral, je n'eus pas de peine à constater les signes de l'hypertrophie musculaire de la hanche droite, et je m'assurai qu'à chaque pas l'articulation se luxait. J'attribuai l'ensemble des déformations à la paralysie atrophique partielle, et mon savant confrère voulut bien me faire savoir qu'il partageait entièrement mon opinion. Assurément, dans quelques années cette luxation eût facilement passé pour congénitale, grâce à l'incertitude des renseignements fournis par les parents.

OBSERVATION XII (Verneuil).

Une dame affectée de double luxation congénitale du fémur se marie : elle donne le jour à une petite fille qu'elle s'empresse de montrer, immédiatement après sa naissance, à une des sommités chirurgicales de Paris, dans la crainte d'avoir transmis à son enfant ce vice de conformation. Le prince de la science déclare qu'il n'y a pas de luxation congénitale chez l'enfant. Malgré cette assurance, la mère, toujours inquiète, fait soumettre chaque mois son enfant à l'examen de divers chirurgiens, qui tous affirment qu'il n'existe pas de luxation congénitale. Et, en effet, l'enfant âgée aujourd'hui de neuf ans n'a jamais présenté le moindre signe d'une semblable affection.

Dix-huit mois après la naissance de cette enfant, la mère met au monde une seconde fille qu'elle soumet de nouveau chaque mois, pendant quinze mois, à l'examen des notabilités chirurgicales les plus compétentes. Toutes déclarent unanimement qu'il n'y a pas l'ombre de luxation congénitale. Or, peu après le quinzième mois, cette petite fille est prise de claudication et présente bientôt une magnifique luxation de la hanche gauche.

Il existe une atrophie énorme de la fesse gauche.

Les muscles fessiés de ce côté, électrisés, comparativement avec ceux de l'autre côté, manifestent à peine quelques contractions fibrillaires.

Cette fillette, après une dentition difficile, avait eu vers l'âge de douze mois, quelques accès fébriles, suivis de légères convulsions.

OBSERVATION XIII (Verneuil, 1866).

Fillette âgée de quatre à cinq ans. Elle présente depuis l'âge de trois ans une atrophie de tout le membre inférieur droit, qui est extraordinairement atrophié.

La tête du fémur est dans la fôsse iliaque. L'enfant n'a jamais boité avant l'âge de trois ans. Le déplacement de la tête fémorale ne saurait être attribué qu'à la paralysie des muscles pelvi-trochantériens.

OBSERVATION XIV (Verneuil).

M... B. est une fillette de six ans, affectée de paralysie des nerfs qui se distribuent aux muscles fessiers.

La galvanisation de ces muscles, l'irritation de la marge de l'anus qui, ainsi que chacun le sait, provoque la contraction des fesses, ne détermine aucun mouvement dans ces parties, qui sont cependant volumineuses, par suite d'une accumulation considérable de graisse, car l'enfant est douée d'un notable embonpoint.

Cette enfant a une double luxation du fémur, accompagnée d'une double paralysie des muscles pelvi-trochantériens.

OBSERVATION XV (due au Dr Dally,

Directeur de l'établissement gymnastique de Neuilly).

Un petit garçon de huit ans, maigre et chétif, était affecté depuis deux ou trois ans, au dire des parents, d'une claudication du membre gauche. Ce qui caractérisait le défaut dans la marche, c'était surtout une oscillation de droite à gauche; en outre, de temps à autre, le membre gauche fléchissait soudainement et l'enfant tombait sur le côté. Ces chutes, depuis quelques mois, devenaient de plus en plus fréquentes. Les membres, du reste, avaient exactement la même longueur et ne présentaient aucune déviation notable. Il n'y avait aucune lésion aiguë ou chronique dans l'articulation coxo-fémorale. On constata seulement un amaigrissement considérable des parties molles de la hanche gauche et, conséquemment, une saillie prononcée du grand trochanter, saillie qu'exagérait encore un léger degré d'adduction et de rotation en dedans. Il s'agissait manifestement d'une atrophie des muscles fessiers, qui étaient amincis et peu excitables par l'électricité. Cette atrophie avait pour conséquences la faiblesse du membre, le défaut de solidité de l'articulation et des chutes fréquentes.

Mais en même temps, la capsule articulaire était relâchée et lorsque, le sujet étant couché sur la hanche saine, on portait la cuisse malade dans la flexion forcée avec adduction et rotation en dedans et qu'on la poussait en arrière, il était facile de faire

saillir le grand trochanter et, derrière lui, la tête fémorale qu'on
sentait sans difficulté à travers la peau et la couche amincie des
muscles fessiers. Un traitement composé d'électrisations locales,
de douches et de toniques, eut un plein succès, et l'enfant put
être renvoyé avec une très notable amélioration.

Ces quelques observations nous dispensent d'insister
plus longuement sur la symptomatologie de la luxation
paralytique de la hanche. Les signes cliniques qui permettent, dans ces cas de luxations complètes, d'affirmer l'existence d'un déplacement du fémur, sont les
mêmes, pour la plupart, que ceux que l'on observe dans
toute luxation de la hanche. C'est surtout l'étude attentive des antécédents du malade qui fera toujours
reconnaître la nature de ces lésions articulaires, survenant au cours des amyotrophies d'origine spinale, sans
que les ligaments fibreux de l'articulation aient été
auparavant le siège de quelque état inflammatoire aigu
ou chronique.

Rappelons seulement que le signe de ROSER-NELATON
peut souvent faire défaut dans la luxation myopathique.
Dans bien des cas, la tête fémorale déplacée peut se
trouver fixée soit en avant, soit en arrière du cotyle
coxal, tout en restant dans le même plan horizontal.
Nous donnerons plus tard l'explication de ce signe
clinique, qui est bien souvent, à lui seul, le signe
caractéristique de la luxation myopathique. On ne
devra donc pas affirmer qu'il n'existe pas de déplacement des surfaces articulaires, alors même que le bord
supérieur du grand trochanter ne dépassera pas la ligne
de ROSER-NELATON. Il faudra, avant tout, pratiquer une
palpation minutieuse de la hanche, saisir dans la main

comme entre les deux mors d'une pince, l'extrémité supérieure du fémur. Les doigts placés sous la fesse, et le pouce déprimant en avant le pli de l'aine, s'enfonceront ou rencontreront sans peine l'arrêt que leur opposera la tête fémorale déplacée. Ce sera là un bon signe de luxation.

On ne manquera pas aussi de se rappeler que, le plus souvent, dans la luxation myopathique complète, avec grands déplacements des surfaces articulaires, la musculature de la hanche est presque en totalité dégénérée. Nous verrons, en effet, plus tard, comment la luxation paralytique devient, au dernier stade de son évolution, une luxation par *relâchement ligamenteux*. Les mouvements passifs sont les seuls possibles dans la plupart des cas, bien qu'étant eux-mêmes parfois très limités par la rétraction des masses musculaires atrophiées et atteintes de dégénérescence fibreuse.

Il est cependant quelques cas où la hanche paralytique a perdu dès le début des lésions médullaires toute activité fonctionnelle ; on trouve parfois, en clinique, de jeunes enfants affectés dès le bas âge d'une flaccidité extrême de toutes les masses musculaires de la fesse et de la cuisse. Ces sujets peuvent à peine marcher ; ils se traînent péniblement et restent le plus souvent couchés. Chez ces petits malades on n'observe presque jamais de déformations du membre ; la paralysie totale au début reste flasque ; les rétractions musculaires ne se produisent pas. Si la luxation de la hanche n'est pas encore venue compliquer leur misérable situation, on constate presque toujours une laxité si considérable de leurs ligaments articulaires, qu'il est aisé de luxer à volonté la tête fémorale. Quelquefois, le plus léger traumatisme provoque la luxation, et il peut arriver que la tête articulaire du fémur, livrée à elle-même, libre dans son excursion hors du cotyle, vienne se fixer au-dessus et en arrière de la cavité articulaire, maintenue dans cette situation anormale par le simple poids du corps. On comprend comment ces hanches paralytiques peuvent offrir des dislocations extrêmement marquées, et facilement perceptibles aux seules données de l'investigation clinique, mais il est alors bien difficile de dire, au lit du malade, si ces luxations sont survenues avant toute rétraction musculaire, ou si elles ne sont que la conséquence d'amyotrophies partielles, qui sont devenues totales après la lésion articulaire. Nous verrons plus loin comment la radiographie peut éclairer, dans ce cas, le diagnostic. L'étude que nous ferons de l'anatomie pathologique de la hanche paralytique nous montrera aussi toutes les différences qui séparent ces deux lésions articulaires myopathiques.

Nous ne donnerons que deux observations de cette classe de hanche paralytique. Elles sont dues à M. le professeur Reclus.

OBSERVATION XVI

Paralysie infantile survenue à l'âge de deux ans et demi. Atrophie des pelvi-trochantériens, des fessiers et de tous les muscles de la cuisse. Impotence absolue des deux membres inférieurs. — Relâchement et mobilité exagérée des articulations coxo-fémorales, mais absence de luxation de la hanche.

G... Germain, âgé de dix-huit ans, entre le 27 août

1876, dans le service de M. Verneuil pour diverses manifestations scrofuleuses; tumeurs blanches et adénites axillaires supurées.

Bien qu'il ait eu la jeunesse d'un scrofuleux, son état général est resté jusque-là assez bon. Il n'a jamais eu de grande maladie ; d'ailleurs il mange bien, dort, ne maigrit point, et, s'il ne marche pas, c'est que depuis son enfance, ses deux membres inférieurs sont paralysés.

Les renseignements qu'il nous donne à ce sujet sont vagues: évidemment il ne se rappelle rien, et c'est d'après les récits de ses parents qu'il nous dit avoir été pris vers l'âge de deux ans et demi d'une fièvre très vive et de convulsions. Il resta longtemps immobile dans son lit : tout mouvement volontaire était impossible ; cependant les membres supérieurs reprirent peu à peu leurs fonctions, d'abord le gauche, puis le droit, qui acquit une certaine vigueur sans jamais égaler toutefois celle du bras gauche. On peut en effet y constater un certain degré d'atrophie. Quant aux membres inférieurs, ils demeurèrent en l'état. Le petit malade, qui avant ses consultations marchait assez bien, devint absolument impotent, et depuis cette atteinte de paralysie infantile, il ne put plus progresser qu'en se traînant sur des béquilles.

Voici ce que nous avons constaté chez ce malade : le bras droit est visiblement atrophié, mais la plupart des groupes musculaires n'en continuent pas moins à se contracter spontanément ou sous l'influence de l'électricité. Il n'en est pas de même des membres inférieurs, qui sont grêles, flasques et sans relief musculaire. Le gauche, dans sa partie la plus large au niveau de la cuisse, mesure 39 centimètres de circonférence, 28 seulement à la hauteur du mollet ; le droit, 32 centimètres à la cuisse, et au mollet 25. Il est donc moins volumineux que le gauche, et cela aussi bien dans sa longueur que dans sa circonférence, car du grand trochanter à la malléole externe, le gauche mesure 5 centimètres de plus que le droit. Ajoutons enfin que, tandis que le pied gauche conserve sa forme naturelle, le droit est en varus équin.

Tel est l'aspect que présentent les membres inférieurs. Nous avons déjà dit que la marche ne pouvait s'effectuer qu'au moyen de béquilles et que tout mouvement spontané était impossible. Il n'en est pas de même des mouvements communiqués : l'articulation coxo-fémorale est pour ainsi dire vague, et sa mobilité est telle que les jambes peuvent être portées dans toutes les directions, à ce point que le malade les saisit et les entre-croise derrière la nuque sans gêne et sans douleur. On dirait que la capsule, lâche et non bridée par les muscles pelvi-trochantériens et psoas iliaques atrophiés, laisse rouler librement la tête fémorale dans le cotyle et même en dehors du cotyle. Mais elle revient dans la cavité, et jamais dans ces manœuvres elle ne demeure en arrière, en avant, en haut, en bas, pour produire une luxation permanente.

L'atrophie des fessiers et des pelvi-trochantériens, des muscles de la cuisse, adducteurs, extenseurs et fléchisseurs, se reconnaît facilement par l'inspection et par la palpation, mais l'exploration par les courants électriques ne saurait laisser aucun doute. On constate en effet que, si certains muscles de la jambe ou du pied sont encore contractiles, tous les muscles de la hanche et de la cuisse ont perdu leur activité fonctionnelle. Ils ne réagissent pas, même sous l'influence de courants d'une grande intensité ; le malade accuse une vive douleur, et le membre reste immobile.

OBSERVATION XVII (Reclus, 1878).

Paralysie infantile survenue à l'âge de seize mois. Atrophie de la plupart des muscles du membre inférieur droit, en particulier des adducteurs, des fessiers, des pelvi-trochantériens. Impotence absolue de ce membre, mais pas de luxation.

L..., âgé de trois ans et demi, atteint d'une paralysie du membre inférieur droit, est conduit par sa mère à la consultation de M. Verneuil.

La mère nous raconte que l'enfant était venu au monde dans

des conditions excellentes. Il était robuste, bien conformé, sans aucune lésion, lorsque vers l'âge de seize mois, et lorsque déjà il commençait à marcher, survinrent tous les signes d'une paralysie infantile : une fièvre intense s'alluma, qui s'accompagna presque immédiatement de l'impuissance fonctionnelle des quatre membres. L'enfant était couché dans son lit, sans mouvements ; il ne pouvait remuer ni bras ni jambes. Peu à peu cependant, la plupart de ces accidents disparurent : les mouvements revinrent dans les membres supérieurs, dans le membre inférieur gauche ; mais la paralysie se cantonna dans le droit, qui perdit rapidement son volume primitif, et, lorsqu'il nous est donné de l'examiner, deux ans après le début de l'atrophie, voici ce que nous constatons :

L'enfant ne peut marcher ; il se traîne par terre ou se relève le long des meubles, grâce à l'activité persistante du membre gauche. Mais le droit ne peut lui être d'aucune utilité. Il n'y a pas entre eux la moindre différence de longueur. Mais lorsqu'on palpe la hanche et la cuisse, on voit que les muscles de ces régions sont mous, flasques, atrophiés ; ils n'obéissent plus à la volonté et ne réagissent sous l'influence d'aucune excitation. L'électricité est complètement impuissante sur les divers groupes musculaires de cette région, fessiers, pelvi-trochantériens, extenseurs de la cuisse, adducteurs. Au travers des parties molles, les doigts peuvent arriver jusqu'à l'articulation. Les surfaces articulaires sont bien en place ; la tête est bien dans le cotyle ; mais lorsqu'on imprime des mouvements exagérés au membre, on la soulève, on l'éloigne de sa cavité de réception ; on la luxe très facilement, mais ce déplacement est transitoire, et la tête rentre toujours dans le cotyle.

Nous avons envisagé le cas d'une hanche paralytique avec luxation complète du fémur ; nous avons vu que les signes cliniques en étaient manifestes, et qu'une exploration, même superficielle de la hanche malade permettait d'affirmer l'existence d'une luxatiou.

Nous devons maintenant étudier la hanche paralytique qui s'accompagne de troubles fonctionnels très accusés, sans que les seules données de la clinique puissent, néanmoins, nous convaincre de l'existence de quelque désordre articulaire. C'est la *hanche paralytique*, en somme, que nous voyons journellement dans nos hôpitaux d'enfants, et dont on a peut-être jusqu'à nos jours trop méconnu les troubles articulaires, qui passent le plus souvent inaperçus, mais qui, toutefois, de concert avec l'insuffisance fonctionnelle de la musculature, peuvent aggraver beaucoup la situation des petits malades. Ce sont ces cas que nous avons tout spécialement étudiés, bien convaincu de par nos expériences personnelles, que si les troubles de la musculature pouvaient être parfois la cause première de déplacements articulaires considérables, ils étaient toujours susceptibles de provoquer des lésions de l'articulation coxo-fémorale, qui, tout en étant très discrètes, viennent compliquer singulièrement l'amyotrophie.

Voici un jeune enfant qui depuis longtemps présente une claudication des plus accusées, sans que l'atrophie de sa musculature paraisse très étendue, sans que celle-ci se soit compliquée de difformités bien appréciables du membre malade.

Si la marche, chez ce sujet, est encore possible, elle est hésitante et paraît très pénible. L'enfant sautille en marchant, ne plonge pas sur un côté, mais porte légèrement le haut de son corps en avant, traînant son membre que la parésie musculaire rend à peu près impotent, ou que des rétractions partielles fixent déjà en position légèrement vicieuse. C'est le type de la plupart de ces petits paralytiques chez lesquels l'atrophie musculaire a progressé avec une extrême lenteur, de ces jeunes enfants qui ont pu longtemps marcher droit, et dont la santé avait toujours paru florissante. Le plus souvent, on constate chez ces petits malades une légère rotation en dehors du membre paralytique, une flexion permanente de la cuisse qui paraît obéir à l'action du quadriceps fémoral rétracté, un pied plus ou moins impotent, avec une tendance à l'équinisme.

Les mouvements passifs s'effectuent avec facilité; quelques-uns même peuvent être exagérés ; d'autres, au contraire, semblent légèrement diminués par la résistance de quelques groupes musculaires, le plus souvent des adducteurs qui, normalement rétractés, se tendent comme une corde sous les téguments.

L'examen de la hanche, contrairement à ce qu'on serait porté à croire en présence de troubles fonctionnels si nettement accusés, restent cliniquement négatifs.

Le grand trochanter, peut-être un peu saillant sous la peau amaigrie, est bien à sa place ; la tête articulaire du fémur semble bien être dans son cotyle, car les plus minutieuses recherches d'une situation vicieuse de celle-ci restent dans la plupart des cas infructueuses.

Sommes-nous cependant en droit d'affirmer que l'articulation est saine, que tous les troubles fonctionnels observés ne sont que le résultat de l'atrophie musculaire ? Nous avons demandé déjà à une investigation clinique patiemment conduite tout ce que nous étions en droit d'en attendre, mais si ses données sont

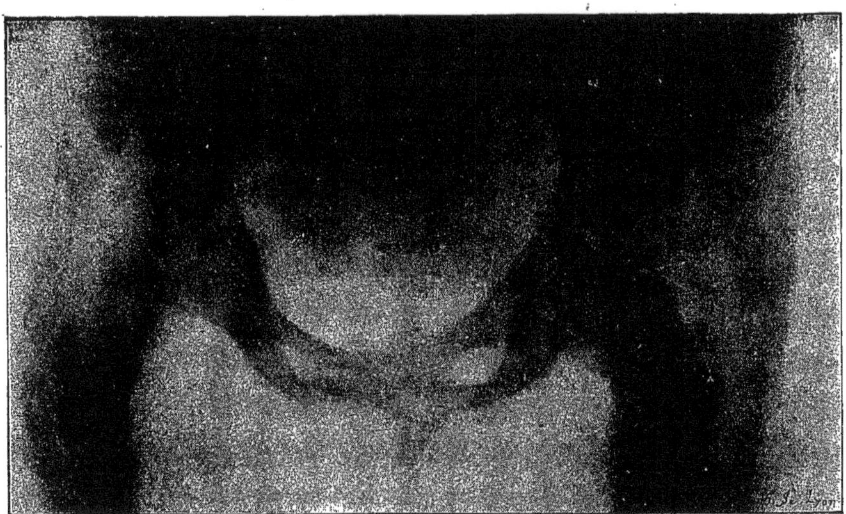

PLANCHE III. — Radiographie de la petite A... G.... Déplacement en avant de la tête
fémorale du côté gauche. Déformations osseuses.

PLANCHE IV. — Radiographie d'Eugène G..., subluxation en avant du fémur gauche. Le
point osseux épiphysaire, sur le prolongement de la diaphyse fémorale se trouve
au niveau du cartilage en Y.

négatives au point de vue d'une lésion articulaire, nous devons aujourd'hui, en dernière ressource, les contrôler par l'épreuve radiographique.

IV. Examen radiographique de la hanche paralytique.

Nous avons fait nous-même radiographier quelques petits paralytiques entrés cette année dans le service de M. Nové-Josserand, et chez lesquels, malgré de minutieuses recherches, nous n'avions pu nous convaincre de l'existence de troubles articulaires du côté de la hanche. Ces jeunes sujets étaient pour la plupart affectés de paralysie partielle, avec légères rétractions de quelques masses musculaires ; ces troubles fonctionnels chez ces derniers étaient des plus accusés.

Nous ne pouvons mieux faire que de donner les quelques observations inédites que nous avons relevées nous-même sur de jeunes enfants atteints de paralysie infantile et chez lesquels rien n'avait pu nous faire croire à l'existence d'une lésion articulaire quelconque.

OBSERVATION XVIII (inédite et personnelle).

La petite A,.. G,.., âgée de quatre ans, a été atteinte de paralysie infantile à l'âge de dix-huit mois. Elle a marché droit au début et n'a présenté aucune déformation de ses membres inférieurs avant l'apparition de cette première et unique affection que nous relevons dans ses antécédents. Actuellement, elle nous présente une atrophie assez manifeste de tout le membre inférieur gauche. La fesse du même côté est très peu saillante; le pli fessier est presque totalement effacé; l'atrophie semble avoir respecté davantage les membres adducteurs et extenseurs de la cuisse; mais tous les muscles de la jambe et du pied sont atteints.

Examinée dans la station debout, l'enfant nous présente une scoliose dorsale à convexité gauche très marquée. Tout le poids de son corps s'exerce sur le membre sain, tandis que le membre gauche, presque totalement impotent, appuie à peine par terre.

La marche est à peu près impossible; l'enfant ne s'avance, en sautant, que si elle est soutenue par un aide.

Tous les mouvements passifs s'exécutent avec la plus grande facilité et ne provoquent aucune douleur. Seuls les mouvements d'abduction semblent légèrement diminués, par le fait d'une légère contracture des adducteurs.

L'examen de l'articulation de la hanche ne nous permet de constater aucun déplacement de la tête articulaire. Celle-ci paraît bien mobile dans son cotyle. Le trochanter, nettement perceptible, est à sa place.

6 octobre 1900. — Nous soumettons l'enfant aux rayons X. Nous constatons des signes très évidents de déformations des surfaces osseuses articulaires.

On remarquera sur notre planche radiographique et sur le côté gauche de celle-ci, que le cotyle coxal est bien différent du cotyle du côté sain.

Il est très irrégulier dans ses contours et semble presque comblé en totalité. Par contre, le sourcil cotyloïdien paraît beaucoup plus élevé qu'il ne l'est du côté droit. Sa teinte irrégulière, très claire en certains points, beaucoup plus sombre dans la portion supérieure, manifeste qu'il est le siège d'un travail de condensation osseuse. Qu'on remarque bien aussi l'épiphyse fémorale. Le col du fémur est sensiblement atrophié; la tête

déformée, légèrement aplatie, est située un peu plus haut que la
tête fémorale du côté sain ; elle appuie directement sur la portion antérieure et supérieure du cotyle, qui, en ce point, semble
très épaissie.

Ce sont là évidemment les signes très manifestes d'une déformation des surfaces osseuses articulaires, provoquées par un
déplacement encore seulement intra-cotyloïdien de la tête
fémorale, mais qui, on le pressent, prépare la luxation complète,
qu'assurerait le moindre traumatisme ou l'action continue du
poids du corps.

OBSERVATION XIX (inédite et personnelle).

E. G..., âgé de trois ans, entre le 12 octobre 1899, dans le
service de M. Nové-Josserand, pour une paralysie infantile du
membre inférieur gauche.

L'enfant a été nourri au sein. Il n'a ni frère ni sœur. Ses
parents jouissent d'une excellente santé.

Rougeole à cinq mois. Quelque temps après, l'enfant aurait
eu une crise, qui aurait duré une journée. Un mois plus tard
la nourrice remarqua que les orteils du pied gauche ne pouvaient
point s'étendre.

A dix-huit mois, Eugène G..., fut conduit dans le service de
M. Vincent. Sur les conseils du chirurgien, on lui fit porter
un petit appareil. Depuis cette époque le membre inférieur gauche du petit malade s'atrophiait de jour en jour. Ce dernier se
plaignait quelquefois de douleurs articulaires à la hanche.

A son entrée à la salle Saint-Pierre, à la fin de l'année 1899,
l'enfant se présente avec une atrophie musculaire généralisée à
tout le membre inférieur. Les mensurations donnent 26 centimètres pour la cuisse droite, 24 centimètres pour la cuisse
gauche. Le mollet mesure 19 centimètre à la jambe droite, 17
centimètres et demi seulement du côté gauche.

L'enfant marche en tenant la jambe en abduction légère et en rotation en dehors. Cette attitude disparaît quand le malade est au repos et étendu sur son lit. Il traîne péniblement sa jambe ; le pied paralytique se détache à peine du sol.

Tous les mouvements passifs sont possibles. L'extension de la cuisse et la rotation en dedans sont légèrement diminués.

La radiographie de l'enfant nous permet de constater très nettement tous les signes d'une luxation du fémur.

Si l'on se reporte à la planche IV on remarque en effet, du côté gauche, que le point épiphysaire fémoral, exactement placé sur le prolongement de la diaphyse osseuse, se trouve très éloigné de la cavité de réception. La tête fémorale, dont la situation nous est indiquée par ce même point sombre, se trouve bien dans le plan horizontal passant par le centre du cotyle, mais on s'aperçoit facilement qu'elle regarde en avant, grâce à la place qu'occupe sur l'épreuve son point d'ossification. Nous avons donc affaire à un déplacement en avant de la tête fémorale.

OBSERVATION XX (inédite et personnelle).

E. P... est un jeune enfant de huit ans, dont la paralysie infantile remonte à l'âge de deux ans.

L'atrophie intéresse surtout les muscles adducteurs de la cuisse droite. Les muscles fessiers sont extrêmement rétractés ; le tenseur du *fascia lata* fait une saillie notable sous les téguments, au niveau de sa portion charnue.

Nombreuses déformations, très caractéristiques au membre inférieur droit.

La cuisse est en abduction et rotation externe, la jambe est légèrement fléchie, le pied est *varus équin*.

Tous les mouvements passifs d'abduction et de rotation externes peuvent être exagérés. L'adduction complète est impossible.

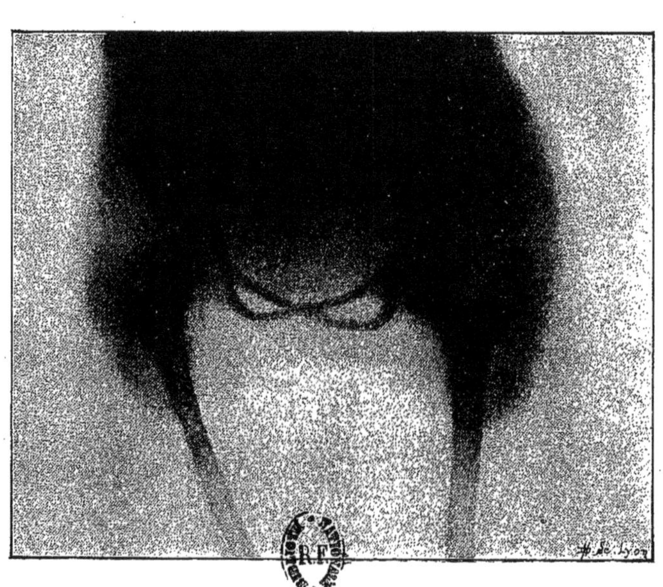

Planche V. — Radiograpgie de G.... Atrophie du fémur gauche. Déformation des surfaces articulaires du même côté. Évasement du cotyle
et surélévation considérable de son bord.

Depuis plusieurs mois ce petit paralytique peut à peine marcher, grâce aux déformations multiples dont il est affecté.

L'examen de la hanche permet de noter dans la région inguinale une saillie dure, arrondie, légèrement mobile quand on fait exécuter des mouvements au membre inférieur du même côté. Cette saillie est légèrement marquée par un plastron assez épais, de consistance fibreuse, qui paraît s'être développé aux dépens du ligament capsulaire. Le grand trochanter n'est pas remonté, mais il est légèrement porté en arrière, si on le compare à celui du côté gauche.

A la radiographie, on constate que la tête du fémur est bien encore dans son cotyle, mais ce dernier est très déformé. Il présente dans sa portion antérieure et supérieure un épaississement de son rebord, marqué sur l'épreuve radiographique par une ligne très sombre, irrégulière. Les diamètres du cotyle sont notablement augmentés : la cavité articulaire, très évasée, paraît moins profonde que celle du côté droit.

La tête du fémur, également déformée, est située un peu plus haut que la tête fémorale opposée ; elle apparaît aplatie et débordant sensiblement la cavité cotyloïde. Le col qui la supporte est extrêmement grêle. La diaphyse fémorale est diminuée de volume dans toute son étendue.

Ces signes radiographiques indiquent donc très nettement que ce sujet présente un déplacement intra-cotyloïdien très marqué de la tête fémorale avec des déformations très caractéristiques des surfaces articulaires.

OBSERVATION XXI (inédite et personnelle).

G... est une jeune fille âgée de treize ans, entrée au mois de novembre 1900 dans le service de M. Nové-Josserand.

Elle a son père et sa mère, deux sœurs plus jeunes qu'elles ; tous sont en bonne santé.

Nourrie au sein, elle a marché à treize mois. A l'âge de trente mois, l'enfant fut prise d'une fièvre subite et très violente, à la suite de laquelle apparurent tous les symptômes de la paralysie infantile.

Dès le début de l'affection, cette fillette ne put marcher ni se tenir sur ses jambes. L'impotence est restée complète depuis cette dernière époque, et ce n'est que ces jours derniers que les parents se sont décidés à mener cette enfant à l'hôpital.

ETAT ACTUEL. — *Examinée dans la position couchée*, cette malade présente une atrophie très marquée de tout le membre inférieur gauche. Ce dernier est plus court de 4 centimètres. Les mensurations nous donnent :

	Membre inf. droit	Membre inf. gauche
Longueur du pied.	14 centimètres.	12 centimètres.
Mollet.	28 —	25 —
Cuisse à quatre travers de doigt au-dessus de la rotule . . .	35 —	33 —

La cuisse se place toujours en rotation externe ; quand on veut la ramener à sa position normale, l'enfant ne peut s'y maintenir. Le pied est légèrement équin ; sa face plantaire est tournée en dehors.

Les mouvements passifs s'exécutent avec la plus grande facilité, seuls les mouvements d'adduction semblent un peu limités. Dans l'adduction forcée et la rotation interne on sent assez nettement que les muscles fessiers sont rétractés ; c'est d'ailleurs à leur rétraction qu'est due vraisemblablement la position vicieuse du membre. Les tendons d'Achille et des péroniers latéraux sont également rétractés et s'opposent à ce que le pied soit maintenu dans la rectitude.

Examinée dans la position debout, on constate que l'enfant ne peut marcher qu'en étant soutenue par un aide. Elle porte alors tout le poids de son corps sur son membre droit, ce qui détermine déjà une scoliose assez prononcée. Le membre inférieur gauche ne repose sur le sol que par son bord interne ; le pied est équin et tourné en dedans. Pour marcher, la malade appuie fortement sa main gauche sur la face antérieure de son membre inférieur gauche, afin de le maintenir constamment dans la rectitude ; sans cette précaution, l'extension est impossible, la jambe demeure toujours fléchie sur la cuisse.

L'examen de la hanche reste à peu près négatif. Le trochanter est légèrement déjeté en arrière ; on ne sent pas la tête fémorale ; la pression, à son niveau, au pied de l'aine, est un peu douloureuse.

En somme, cette enfant est atteinte d'une paralysie partielle intéressant particulièrement les muscles adducteurs et extenseurs de la cuisse, les muscles de la région antérieure de la jambe. Les groupes postérieurs, fessiers, triceps sural, sont également atteints, mais à un degré moindre ; ils sont tous assez fortement rétractés.

La *radiographie* nous permet de compléter notre diagnostic et nous montre très manifestement des lésions articulaires.

La tête fémorale, légèrement aplatie, se trouve immédiatement en rapport avec la partie supérieure du cotyle. On voit très nettement qu'elle tend à abandonner sa cavité de réception, dont les bords, apparaissant sur la radiographie sous l'aspect d'une zone très sombre, témoignent bien qu'ils sont déjà le siège d'un travail de condensation osseuse (planche V).

Si le temps ne nous avait point manqué, nous aurions pu augmenter de beaucoup le nombre de nos observations inédites, car nous restons convaincu que chez tout enfant atteint de paralysie partielle de la hanche, avec rétractions musculaires, que tout petit paralytique qui a pu marcher quelque temps, grâce à une évolution lente de son amyotrophie, doit offrir, à la radiographie, des preuves manifestes de désordres articulaires plus ou moins accusés. Ce sont là, ce nous semble, des observations qu'il serait intéressant de compléter, car ces lésions articulaires, que seule la cli-

nique ne permet point de dépister, mais qui viennent
presque toujours compliquer les paralysies spinales
partielles, doivent, selon nous, aggraver singulièrement la situation de nos petits malades, ce dont nous
nous rendrons bien compte, quand nous étudierons
plus loin l'anatomie pathologique et la pathogénie de la
hanche myopathique.

Les observations que nous venons de rapporter montrent que la radiographie des petits paralytiques est
susceptible de nous donner l'éveil dès l'apparition des
premiers troubles articulaires. Dans certains cas, elle
nous montrera un cotyle plus ou moins déformé, mais
contenant encore la tête articulaire du fémur qui, légèrement déplacée, vient le plus souvent s'appuyer sur la
partie antérieure et supérieure de la cavité cotyloïdienne. Cette tête se trouve, dans la majorité des cas,
déformée, aplatie en tampon, soutenue par un col
atrophié.

Dans d'autres cas, la tête fémorale ne sera plus dans
le cotyle. Elle apparaîtra au-dessus de la diaphyse
fémorale, comme un point sur un i, mais ce qu'il faudra surtout bien observer, c'est sa situation par rapport
au centre du cotyle. Nous avons remarqué, en effet,
que dans la plupart des luxations paralytiques la tête
fémorale restait sensiblement dans le plan horizontal
du cotyle ; elle se trouve le plus souvent fixée en avant
de la cavité articulaire. C'est là, croyons nous, un
signe caractéristique de la luxation myopathique. Nous
en reparlerons plus tard quand nous ferons le diagnostic différentiel de la *hanche paralytique* et de la *luxation congénitale.*

CHAPITRE II

ANATOMIE PATHOLOGIQUE DE LA HANCHE
PARALYTIQUE. — EXPÉRIMENTATION

Les observations cliniques que nous avons rapportées dans le chapitre précédent, semblent bien attester,
de la façon la plus nette, qu'une lésion atrophique de
la musculature de la hanche est susceptible de provoquer, à elle seule, la dislocation de l'articulation coxo-
fémorale. Toutes ces observations mettent clairement
en évidence que l'atrophie musculaire a toujours été
primitive, que tous les troubles articulaires observés
dans ces cas n'ont été que le résultat de la défaillance
musculaire. Et, cependant, ces faits de luxations myo-·
pathiques de la hanche n'ont point été admis sans conteste comme des preuves irrécusables de lésions articulaires d'origine seulement musculaire. On aurait
voulu constater sur la table d'autopsie ces ligaments
capsulaires de l'articulation distendus, déchirés même
par la seule action de la tonicité musculaire ; et on a
toujours émis l'hypothèse que ces disjonctions des surfaces osseuses avaient été au préalable élaborées par un
état pathologique resté inaperçu des éléments fibreux
de contention.

C'est pour établir sur des bases bien nettes cette

existence de la luxation myopathique, trop méconnue peut-être, que nous avons voulu rechercher nous-même ces preuves anatomo-pathologiques.

Les autopsies nous manquant, nous les avons demandées à l'expérimentation. C'était le plus sûr moyen de bien étudier le rôle de la musculature de la hanche, d'édifier la pathogénie des lésions articulaires myopathiques, sans nous égarer dans les hypothèses invraisemblables et fantaisistes, que certains auteurs ont soutenues, sans nous donner aucune preuve à l'appui de leurs ingénieuses théories.

Ces expériences nous ont coûté beaucoup de soins et beaucoup de temps, car nous avons dû les exécuter sur des animaux assez vigoureux pour résister à des myotomies ou à des résections nerveuses délicates, sur des sujets qu'il fût possible de surveiller de près et de garder toujours à l'abri de toute infection articulaire.

Le lapin a été notre animal de choix ; c'est sur lui que nous avons effectué nos résections musculaires, et, grâce à une antisepsie rigoureusement observée, aussi bien au cours de nos interventions que pendant les dix mois qui suivirent, nos opérés ne nous offrirent, à aucun moment, la moindre trace d'infection locale. Nous pûmes ainsi étudier à notre aise le rôle physiologique de la musculature péri-articulaire, et suivre pas à pas les modifications qu'apportent dans une articulation absolument saine les différents troubles de cette musculature.

Toutes nos myotomies ont été pratiquées suivant les mêmes règles opératoires. Une incision de trois centimètres environ, partant à un travers de doigt de l'épine iliaque antéro-supérieure et aboutissant à un centimètre du coccyx, permet de découvrir toute la masse des fessiers. Ces derniers, sectionnés en partie et légèrement réclinés, on tombe sur la couche musculaire profonde, et on intervient à son aise sur les pelvi-trochantériens, obturateurs, pyramidal et jumeaux pelviens, qu'il faut avoir bien soin de n'attaquer, qu'après avoir protégé, sous une sonde cannelée très fine, la partie postérieure de la capsule articulaire, qui se trouve immédiatement en rapport avec eux.

La résection effectuée, nous suturions les téguments au crin de Florence, et recouvrions largement la ligne de suture d'un pansement au collodion saupoudré d'orthoforme.

PREMIÈRE SÉRIE D'EXPÉRIENCES

Lapin 1. (Type A).

Opéré le 29 décembre 1899.

Résection complète du petit et du moyen fessier de la fesse gauche.

Section et résection des tendons d'insertion de l'obturateur externe, de l'obturateur interne et des jumeaux pelviens.

Suture des téguments au crin de Florence.

Pansement au collodion orthoformé.

Rien d'anormal à signaler pendant les huit jours qui suivent l'intervention. Pas de fièvre. Pas de suppuration. Appétit conservé.

6 janvier 1900.— On enlève les points de sutures. La plaie est entièrement cicatrisée.

A ce moment la marche devient plus difficile. L'animal chan-

celle quelquefois, et quand il a gardé quelques instants l'immo-
bilité, il se laisse fléchir sur son membre malade, qui se place
en adduction forcée et légère rotation en dedans.

Quelques semaines plus tard, ces premiers troubles fonctionnels s'accentuent. Les deux segments inférieurs du membre
malade appuient constamment sur le sol, la cuisse reste toujours
en position vicieuse, léger *genu valgum*.

29 juillet.— Avant de sacrifier l'animal, nous procédons à un
examen attentif des lésions qu'il présente. En le soutenant ver-
ticalement par les oreilles, de façon que le membre inférieur du
côté sain effleure à peine le sol, nous observons un raccourcissement assez considérable du membre malade ; mais, chose
curieuse, ce raccourcissement s'accentue d'autant plus que
l'animal est maintenu plus longtemps dans la même situation.

Au bout de quelques secondes, alors qu'il n'était au début de
l'expérience que de 1 centimètre, il atteint 2 et même 3 centimètres. Une légère traction suffit pour lui redonner sa longueur
habituelle et lui faire effleurer le sol pendant quelques instants.

Ce phénomène n'est dû qu'à une forte rétraction de tous les
muscles restés sains, qui se tendent comme une corde sous la
main qui les palpe.

L'examen minutieux de l'articulation coxo-fémorale ne permet
en effet de constater aucun déplacement de la tête fémorale. On
ne peut percevoir celle-ci ; seul le grand trochanter fait une
saillie notable sous les téguments.

Sur la partie postéro-supérieure de l'article, on sent une sorte
de plastron, de consistance fibro-cartilagineuse, assez résistant
sous le doigt, et se déplaçant sensiblement quand on fait exécuter au membre quelques mouvements.

La hanche est mobile en tous sens; seule, l'extension de
celle-ci semble légèrement limitée.

Nous portons le diagnostic, de « *contractures musculaires dues
à la contraction trop longtemps prolongée de tous les muscles
de la fesse et de la cuisse restés sains, et dont l'action ne se
trouve plus limitée par les groupes musculaires antagonistes*

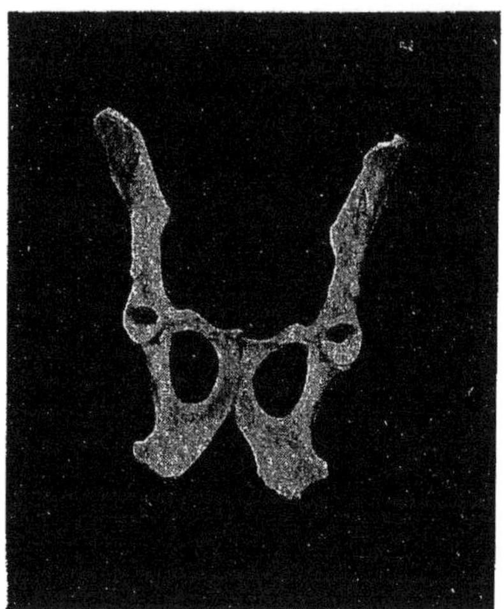

PLANCHE VI. — Première étape des déformations osseuses. Évasement du cotyle gauche chez un lapin de 8 mois.

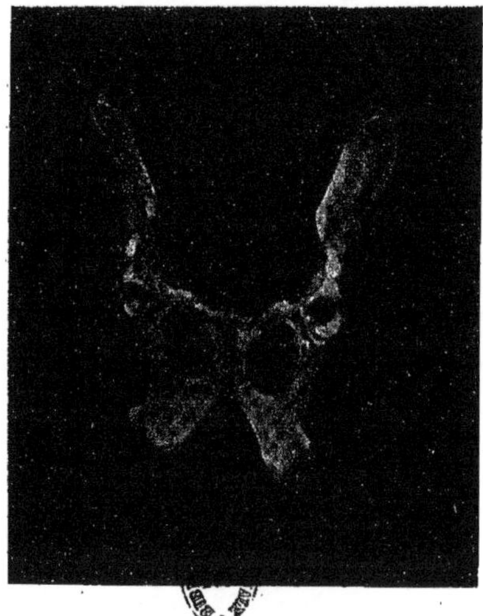

PLANCHE VII. — Deuxième étape. Évasement du cotyle gauche, dont les bords se sont déjà épaissis d'une zone d'ostéite condensante, chez un lapin de 8 mois, 20 jours. Légère éversion de l'ischion.

atrophiés ou détruits ». Nous rejetons toute hypothèse de « *luxation coxo-fémorale* ».

L'autopsie du sujet est pratiquée, et la dissection du membre qui nous intéresse est effectuée, en suivant les mêmes lignes d'incision que nous avions utilisées au cours de notre première intervention.

Tous les muscles réséqués ont totalement disparu.

Il n'en reste que quelques vestiges fibreux. Nous observons une légère hypertrophie du grand fessier et du pyramidal, et en même temps un raccourcissement assez appréciable des muscles adducteurs de la cuisse.

La capsule articulaire s'est fortement épaissie; tandis que du côté sain elle mesure à peine 1 millimètre, elle atteint presque 3 millimètres du côté gauche. Le ligament rond est conservé, mais il est très étiré et très grêle. La tête fémorale s'est déplacée dans le cotyle coxal; elle regarde en haut et en arrière, s'appuyant fortement sur la partie postéro-supérieure de la surface articulaire.

Cette position anormale de la tête fémorale dans son cotyle articulaire explique les déformations que nous avons trouvées sur le squelette, et que fait bien ressortir la planche VI.

Le cotyle coxal, du côté malade, est légèrement évasé dans le sens antéro-postérieur. Alors que le plus grand diamètre du cotyle sain n'a que 9 millimètres, celui du cotyle opposé mesure 11 millimètres.

La surface articulaire de ce dernier cotyle s'est sensiblement élargie au point où s'appuyait la tête du fémur. En ce même endroit le rebord cotyloïdien a presque doublé d'épaisseur, grâce à une nouvelle formation osseuse qui s'est développée en dehors de lui, véritable contrefort.

Du côté du fémur, une seule déformation, mais, particularité fort intéressante, la tête fémorale a augmenté de volume; tous ses diamètres surpassent de 1 millimètre ceux de la tête fémorale du côté sain.

Pas de déformation du bassin, ni de la colonne vertébrale.

Lapin 2. — (Type B)

Opéré le 29 décembre 1899.

Résection de tous les muscles fessiers et des pelvi-trochantériens du côté gauche.

La plaie est entièrement cicatrisée six jours après l'intervention. Aucune trace de suppuration.

Les troubles fonctionnels que nous observâmes dès le début chez notre premier sujet, n'apparurent chez celui-ci que fort tard. La hanche opérée paraissait bien un peu faible, mais il fallait fatiguer pendant longtemps l'animal pour pouvoir observer chez lui quelques-uns des symptômes si caractéristiques du premier. Un seul fait qu'il ne nous paraît pas inutile de signaler : la hanche malade sembla longtemps douloureuse ; l'animal se couchait souvent sur le côté sain, laissant son membre gauche allongé, et l'immobilisant le plus possible.

Dans les premiers jours de février 1900, la bête fut couverte par un de nos opérés mâle, et mena fort bien à terme huit petits qui naquirent le 11 avril.

Dès ce moment, et dans l'espace de quelques semaines, apparurent les mêmes troubles fonctionnels que nous avons décrits dans la précédente observation. L'animal se mit à traîner péniblement son membre inférieur gauche, dont le segment supérieur fortement rétracté, en adduction forcée, se distinguait des deux autres segments inférieurs, presque totalement paralysés. *Genu valgum* très prononcé, pied considérablement atrophié.

Cet état alla s'aggravant jusqu'au 4 août 1900, jour où nous décidâmes de sacrifier l'animal et d'en pratiquer l'autopsie.

A travers les parties molles, il n'était pas possible de sentir à la palpation la tête fémorale du côté sain, bien que la partie postérieure de la hanche ne fût recouverte que des téguments et de quelques trousseaux fibreux, derniers vestiges des muscles réséqués. On sentait bien une sorte de tuméfaction dure de l'article, mais il y avait impossibilité absolue d'en distinguer les

divers éléments. Un seul fait cependant nous frappa : le grand
trochanter, qui se trouve normalement à égale distance de
l'ischion et de la crête iliaque, était beaucoup plus rapproché de
celle-ci du côté malade que du côté sain.

A l'autopsie nous pûmes noter que, de tous les muscles que
nous avions réséqués, un seul s'était cicatrisé en partie, le grand
fessier avait conservé toutes ses fibres antérieures.

Les muscles postérieurs de la cuisse avaient subi une légère
atrophie, marquée plutôt par leur décoloration que par la diminution de leur volume. Seuls les muscles antérieurs avaient
conservé toute leur puissance. Les adducteurs étaient fortement
rétractés et légèrement raccourcis.

La section de tous les muscles périarticulaires nous permet
de bien dégager la hanche et d'observer à notre aise la position
vicieuse du fémur, que nous avons déjà remarquée sur le sujet
vivant et revêtue de toutes ses parties molles. Le grand trochanter
avait effectué, de dehors en dedans et d'arrière en avant, une
rotation de 90 degrés environ, de telle sorte que son bord antérieur venait s'appuyer sur l'os coxal, à 2 millimètres en avant du
rebord cotyloïdien. Quelques trousseaux fibreux le maintenaient
dans cette situation. Le frottement continu des deux surfaces
osseuses anormalement en contact avait provoqué la formation
d'une petite bourse séreuse, que nous prîmes, au premier abord,
pour un diverticulum en la synoviale articulaire. Une dissection
minutieuse nous permit d'isoler cette poche séreuse, qui peut-être
au début communiquait avec la séreuse articulaire. Cette dernière
hypothèse est d'ailleurs d'autant plus admissible que la capsule
articulaire s'était en ce point repliée sur elle-même, par le fait
de la rotation en avant du grand trochanter. Les fibres antérieures
et particulièrement le ligament de Bertin étaient très relâchés
et considérablement raréfiés ; une légère pression sur la partie
postérieure de la capsule suffisait pour faire légèrement saillir la
synoviale à travers les éraillures du ligament antérieur affaibli.

Quant à la tête fémorale, elle nous offrait une situation analogue à celle que nous avons fait remarquer dans l'observation
précédente.

Toutefois, le déplacement intracotyloïdien était ici beaucoup plus marqué : la tête fémorale débordait en arrière la surface articulaire du cotyle, de 3 à 4 millimètres environ.

Une incision pratiquée d'avant en arriere sur la capsule articulaire nous ouvrit l'article, que nous pûmes mieux à notre aise examiner *in situ*.

L'épaississement capsulaire était notable, sans toutefois égaler celui que nous avions observé sur notre premier sujet. Le ligament rond avait disparu. Tout l'arrière-fond de la cavité cotyloïdienne était comblé par un amas de tissu cellulo-adipeux, tandis que le cartilage de revêtement des surfaces articulaires nous présentait par places de petites taches rouges très finement estompées, plus marquées surtout sur les points de contact des éléments osseux où s'exerçait anormalement une pression plus forte.

L'examen du squelette dépouillé entièrement de parties molles, ne nous offrit pas moins de particularités intéressantes. Que l'on se reporte à la planche VII, que nous avons fait soigneusement exécuter, on se rendra facilement compte, d'après les déformations osseuses, des phénomènes pathologiques qui se sont produits dans cette articulation.

L'évasement du rebord cotyloïdien est considérable. Il est de 14 millimètres, alors que, du côté sain, il atteint à peine 11 millimètres. Son épaississement n'est pas moins remarquable. Ses bords sont mousses, fort irréguliers à certains endroits, et laissent soupçonner tout le travail d'ossification condensante dont il dut être le siège, pour résister à la pression constante de la tête fémorale déplacée.

L'arrière-fond de la cavité s'est légèrement agrandi. Le tissu osseux semble s'être résorbé en partie dans la profondeur de l'arrière-cavité, qui n'est plus séparée de l'excavation pelvienne que par une mince pellicule osseuse. Ce dernier point a d'autant plus attiré notre attention, que beaucoup d'auteurs mentionnent au contraire l'épaississement et la condensation de cet arrière-fond dans la plupart des luxations anciennes de la hanche. Hoffa ne donne-t-il pas lui-même ce fait comme une preuve de l'inno-

cuité de son intervention sanglante dans la réduction de la luxation congénitale ?

Jetons maintenant nos regards sur l'épiphyse supérieure du
fémur. Ici encore élargissement de la tête fémorale, dont tous les
diamètres surpassent de 2 millimètres au moins ceux de la
tête du fémur droit. Par contre, son col s'est notablement atrophié.
Le bord inférieur de celui-ci ne mesure que 3 millimètres,
alors que du côté droit il dépasse 5 millimètres. Il se détache
de la diaphyse fémorale sous un angle bien moins obtus que
celui qu'on observe normalement sur un fémur sain.

Remarquons enfin le bord antérieur du grand trochanter. Nous
y constatons un nouveau siège d'ostéite condensante, au point
de frottement de l'épiphyse fémorale et de l'os coxal, dont nous
parlions plus haut et au niveau duquel s'était développée la bourse
séreuse. Sa face externe n'est pas moins digne d'intérêt. Elle est
chagrinée, extrêmement rugueuse, sillonnée d'aspérités, témoins
irrécusables de la puissante insertion de quelques trousseaux
fibreux, des rares faisceaux musculaires échappés au désastre,
et dont la contracture et la tension extrême suppléaient tant bien
que mal l'action antagoniste, devenue insuffisante, des autres
groupes musculaires.

Dernier détail à signaler et sur lequel nous aurons bientôt
l'occasion de revenir : *l'os coxal gauche, pesé à une balance très
sensible, nous donne une augmentation de poids de 80 milligrammes. Le fémur gauche, au contraire, pèse 5 milligrammes
de moins que le fémur du côté sain.*

Lapin n° 3. (Type C.)

Opéré le 1er janvier 1900.

Résection de tous les muscles de la fesse et des pelvi-trochantériens.

Rien de particulier à signaler jusqu'au moment où apparurent
les premiers troubles fonctionnels, qui furent de bonne heure
très caractéristiques.

Chez ce sujet, les déformations paralytiques du membre inférieur gauche furent toujours très peu accusées. Le fait pathologique dominant fut, de tout temps, une rétraction considérable de tous les groupes musculaires. Au mois d'avril 1900, les
rétractions musculaires étaient prononcées à un tel point, que
l'animal ne reposait plus que sur trois pattes, et que son membre
malade présentait un raccourcissement de 4 centimètres. Ce
sujet mâle resta toujours extrêmement vigoureux. Son poids
surprenant dépassait, le jour où nous en fîmes l'autopsie, le
8 septembre 1900, le chiffre de 3200 grammes.

L'examen que nous pratiquâmes à cette époque nous révéla,
sur le sujet encore vivant, une difformité bizarre de l'os
coxal gauche, difformité dont nous ne nous étions jamais rendu
compte dans nos examens précédents. Tandis que, du côté sain,
la main qui palpait percevait facilement toutes les saillies de l'os
coxal droit, il était impossible de délimiter d'une façon exacte
la situation précise de la tubérosité de l'ischion du côté droit.
La fesse droite semblait fuir en avant, et au lieu de sentir en sa
place habituelle les crêtes osseuses d'insertions musculaires, on
ne trouvait qu'une masse arrondie, molle, très dépressible, que
nous prîmes, au premier abord, pour une collection purulente
de la fesse. La crête sacrée n'offrait rien de particulier. La
colonne dorsale ne présentait aucune déformation. La tête fémorale, nettement perceptible au doigt, était très élevée et dépassait d'au moins 1 centimètre le niveau de la tête articulaire du
fémur du côté sain. Nous émîmes, en dernier ressort, l'hypothèse d'une luxation pathologique du fémur gauche, avec abcès
profond de l'ancienne cavité cotyloïde, désorganisée, détruite
en partie.

Une ponction pratiquée dans la fesse ne donna issue qu'à
une très petite quantité de liquide séreux légèrement teinté de
sang. Nous attendîmes quelque temps, mais l'état du sujet
resta le même. Les rétractions parurent seulement s'exagérer
davantage.

En pratiquant l'autopsie de l'animal, quel ne fut pas notre
étonnement, en trouvant la tubérosité de l'ischion, que nous

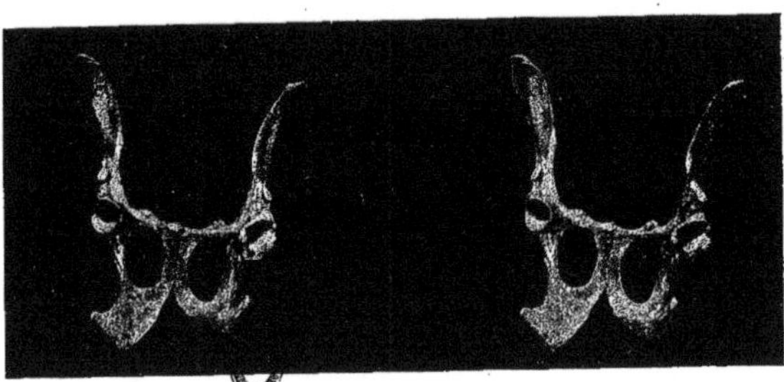

Planche VIII. — Troisième étape. Hypergénèse osseuse considérable. Éversion totale en avant de l'ischion. Commencement de disparition de la cavité articulaire chez un lapin de 9 mois, 15 jours.

(Cette planche peut être examinée au stéréoscope).

avions cnerchée longtemps en vain, complètement retournée en avant, saillante d'au moins 2 centimètres, en bas et en avant du trou ovale ! Cette éversion considérable, et extrêmement curieuse, avait été produite par une rétraction intense des muscles postérieurs de la cuisse, que la contracture des muscles antérieurs et des adducteurs avait fortement tiraillés. Le biceps, les demi-membraneux et demi-tendineux n'étaient plus réduits qu'à de grosses cordes, moitié musculaires, moitié fibreuses, qui limitaient encore l'action du quadriceps fémoral. Quant à la masse de consistance molle, presque fluctuante, que nous avions perçue en arrière, elle n'était autre qu'un volumineux hygroma développé sur le coude de l'ischion éversé et le plus souvent en contact avec le sol.

L'examen de l'articulation ne nous offrit pas moins d'intérêt.

A travers la partie postérieure de la capsule articulaire, toujours excessivement épaissie, nous percevions toute l'étendue de la tête fémorale. Celle-ci, très remontée, regardait encore directement en arrière et en haut, tandis que le grand trochanter s'appuyait par son bord antérieur sur l'os coxal, dont il n'était séparé que par une petite bourse séreuse, absolument identique à celle que nous avons mentionnée chez notre sujet n° 2.

La section du bourrelet fibreux nous fit constater encore, à notre grande surprise, que la tête fémorale était intra-cotyloïdienne. Elle avait simplement subi un déplacement considérable dans la cavité articulaire elle-même qui, une fois de plus, se présentait à nous sous le même aspect : coussinet cellulo-adipeux de l'arrière-fond extrêmement épaissi, teinte rosée du cartilage de revêtement. Le ligament rond faisait encore défaut.

Sur les pièces sèches, dont nous reproduisons sur la planche VIII la photogravure, on remarquera la déformation toujours la même, et toujours aussi caractéristique du cotyle coxal. Le diamètre antéro-postérieur du cotyle malade atteint 18 millimètres, tandis que celui du cotyle sain mesure à peine 11 millimètres. Le rebord osseux de la cavité articulaire s'est ici transformé, par son aplatissement et son élargissement, en une véritable surface osseuse, recouverte en partie de cartilage articulaire. Sur la partie postéro-supérieure du versant externe de ce rebord cotyloïdien, s'est développé tout un massif osseux, véritable contrefort façonné par un travail de condensation osseuse. En avant, au point de frottement du bord antérieur du grand trochanter, le sourcil cotyloïdien s'est évasé et arrondi et présente une petite surface allongée, lisse, qui témoigne de la présence en ce point d'une petite bourse séreuse.

Sur le fémur, nous observons toujours une tête articulaire extrêmement déformée. Tandis que le col qui la porte s'est considérablement atrophié, celle-ci s'est aplatie suivant l'axe du col.

L'appareil articulaire, ainsi déformé, peut être comparé à un véritable champignon.

Les mensurations des deux têtes fémorales nous donnent 11 millimètres pour le plus grand diamètre de la tête malade, 9 millimètres seulement pour celui de la tête fémorale saine.

Au-dessous du grand trochanter, à la base du col fémoral, et sur le prolongement de la diaphyse osseuse, remarquons encore une éminence allongée, très lisse, point de contact anormal de l'os coxal et de la diaphyse fémorale éversée (planche X).

Nous avons voulu enfin déterminer d'une façon précise le poids exact de ces éléments squelettiques fort curieux. Nous avons trouvé, pour l'os coxal gauche, *un excès de 35 centigrammes sur le poids de l'os coxal sain, tandis que le fémur gauche présente une diminution de 4 milligrammes.*

Lapin 4 (Type D).

Lapin mâle, opéré le 1er janvier 1900.

Résection totale des pelvi-trochantériens.

Quelques jours après l'intervention, rétraction intense de tous les muscles du membre inférieur gauche. Déviation très marquée en dehors des deux segments inférieurs du même membre.

PLANCHE IX. — Quatrième étape. Disparition complète de la cavité articulaire. Épaississement considérable de la capsule articulaire, chez un lapin de 10 mois, 15 jours.

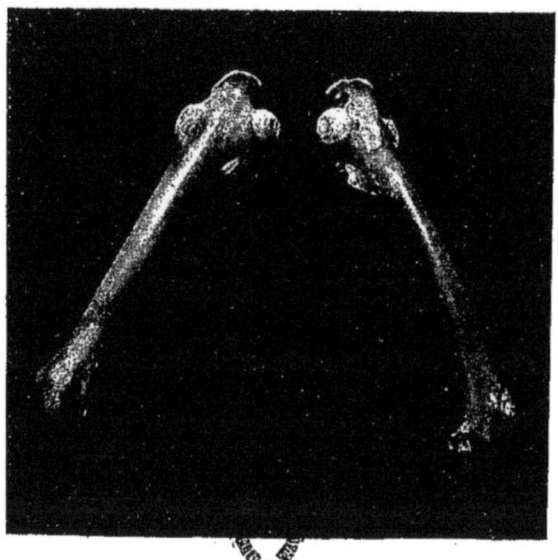

PLANCHE X. — Déformations du fémur gauche. Tête aplatie en tampon soutenue par un col filiforme. Crêtes osseuses développées aux points d'insertion des muscles rétractés.

Un premier examen, pratiqué au mois d'avril 1900, permet de constater une luxation de la tête fémorale, en haut et en arrière du cotyle. Le grand trochanter, très saillant et facilement perceptible au travers des parties molles de la fesse, considérablement atrophiée, surplombe de cinq millimètres environ le trochanter du fémur droit, et se trouve très sensiblement rapproché de la colonne sacrée.

Raccourcissement de un centimètre du membre inférieur gauche, fortement amaigri et presque totalement impotent.

Autopsie le 20 septembre 1900. Dégénérescence de toutes les masses musculaires de la fesse et de la cuisse. Seul le triceps fémoral est demeuré à peu près sain. Il est encore fortement rétracté.

Rien de particulier à signaler sur la situation de l'épiphyse fémorale, qui a effectué, comme dans les deux cas précédents, une rotation de dehors en dedans et d'arrière en avant. De puissants trousseaux fibreux la retiennent cependant encore. Grâce à ces derniers, il n'existe pas de bourse séreuse développée entre l'os coxal et le bord antérieur du grand trochanter.

La capsule articulaire est excessivement épaissie en haut et en arrière. Une incision de celle-ci, dans le sens postérieur, permet de constater que la cavité cotyloïdienne n'existe plus. La tête articulaire du fémur, regardant directement en arrière et en haut, repose sur un plateau ostéo-fibreux, légèrement situé en arrière de l'ancien cotyle, et dont le versant postéro-externe est formé du rebord très épaissi du sourcil cotyloïdien.

La tête fémorale est séparée de la surface de cette éminence osseuse, par une sorte de valvule fibreuse semi-lunaire, provenant sans doute d'un repli de la capsule articulaire. Elle est toujours déformée, aplatie en tampon. La fossette d'insertion du ligament rond a entièrement disparu (planche IX).

Quant à la diaphyse fémorale, elle se trouve notablement atrophiée dans toute son étendue.

Des mensurations comparatives des deux fémurs nous ont donné les résultats suivants :

	Fémur droit	Fémur gauche
Diamètre transversal au dessous du grand trochanter	11 millim.	9 millim.
A la partie moyenne de la diaphyse	9 —	8 —
Epiphyse inférieure	18 —	16 —

Pas de déformation notable du bassin, ni de la colonne vertébrale.

Il nous paraît inutile de rapporter toute la série de nos expériences, d'ajouter aux observations qui précèdent d'autres preuves irrécusables de l'existence de la luxation paralytique.

Si les faits pathologiques que nous observons et interprétons dans nos investigations cliniques, laissent souvent le plus vaste champ à l'hypothèse, il n'en est plus de même des phénomènes qu'il nous est donné d'étudier, d'analyser sur une table d'autopsie ; là ce sont les faits qui parlent : il suffit de voir, de regarder. Les quatorze autopsies que nous possédons de sujets ayant subi des myotomies totales ou partielles des muscles pelvi-trochantériens, mentionnent quatorze luxations ou subluxations.

Aura-t-on maintenant le droit de nous dire qu'il n'existe pas de luxation de la hanche où une action musculaire soit l'unique facteur étiologique? De tous ces animaux que nous avons opérés et qui ont servi à nos expériences, un seul est mort d'une arthrite infectieuse de la hanche, qui se déclara quelques heures après l'intervention. De tous les survivants, aucun n'offrit le moindre symptôme d'infection locale ou généralisée. Toutes les pièces sèches que nous avons conservées .attestent de la façon la plus nette que là synoviale articulaire et les ligaments capsulaires sont demeurés intacts, qu'aucun processus inflammatoire, d'ordre infectieux, n'est survenu à aucun moment, depuis le jour de notre intervention jusqu'à celui de l'autopsie. Nous pouvons donc retrouver sur ces pièces toute l'anatomie pathologique de la hanche paralytique, les lésions articulaires myopathiques devant être les mêmes chez l'enfant.

Les observations que nous avons rapportées de nos sujets nous dispensent de nous attarder longtemps sur l'anatomie pathologique de ces lésions. Nous voulons seulement bien mettre en évidence que, contrairement à ce que beaucoup d'auteurs avaient pensé jusqu'ici, c'est surtout le squelette, et non les parties molles de l'articulation, qui subit le contre-coup des troubles musculaires.

Dans toute lésion articulaire myopathique, avec rétractions musculaires, on trouve un cotyle plus ou moins déformé, suivant l'étendue de l'amyotrophie, et cette déformation squelettique reste toujours identique. Elle consiste surtout dans un évasement de la cavité articulaire de réception, évasement qui peut, dans certains cas, être assez considérable pour doubler les diamètres du cotyle articulaire du côté malade. Mais au fur et à mesure que cette première déformation s'accentue, avec le temps, toute la portion articulaire du cotyle coxal, qui est devenue inutile, n'étant plus en contact avec la tête articulaire déplacée, disparaît progressivement, finit par se combler, et cette ostéite condensante, galopant toujours, arrive à substituer à

l'ancien cotyle un simple plateau osseux, surélevé au-
dessus de la surface de l'os coxal, de toute la hauteur
du sourcil cotyloïdien. Ce dernier même, nous l'avons
toujours trouvé modifié, car, en même temps que s'effectue l'évasement de la surface articulaire, il s'épaissit, se condense, devient irrégulier.

Nous avons aussi bien mis en évidence, dans toutes
nos observations, les déformations que présente toute
l'épiphyse fémorale. La tête articulaire, particulièrement, se trouve, dans la majorité des cas, aplatie en
tampon ; elle se moule, en quelque sorte, sur
sa nouvelle cavité transformée. Son col est grêle,
parfois filiforme, surmonté d'un trochanter hérissé
d'aspérités osseuses ; parfois même la lésion médullaire retentit sur toute la diaphyse fémorale, que l'on
trouve diminuée de volume et de longueur (planche X).

Quant aux parties molles de l'articulation, elles ne
nous offrent pas moins de particularités intéressantes.
Le cartilage d'encroûtement semble s'épaissir par
places, et présente dans toute son étendue, principalement au niveau des points de contact anormaux des
surfaces articulaires, des taches légèrement rosées, aux
bords mal définis et dentelés.

Le ligament rond fait presque toujours défaut. On le
trouve cependant encore chez tous les sujets où la déformation du squelette est très peu accusée. Nous
avons pu constater sa présence chez tous nos lapins du
type A, dont le cotyle coxal ne nous apparut modifié
qu'en le comparant à celui du côté sain. La capsule
articulaire, au contraire, est toujours fortement épais-

sie; elle est le siège d'une hypergénèse active du tissu
fibreux, qui peut décupler son volume.

Tous les muscles péri-articulaires sont lésés. Ceux
que nous avions respectés au cours de notre première
intervention, nous les avons retrouvés fortement rétractés, quelquefois même presque totalement dégénérés, transformés en de véritables cordes fibreuses
inextensibles, extrêmement rigides, qui maintenaient,
solidement fixée dans sa situation vicieuse, la tête fémorale déplacée.

DEUXIÈME SÉRIE D'EXPÉRIENCES

Les quelques sujets dont nous avons rapporté les
observations au début de ce chapitre nous offrent bien
toute la physionomie clinique que nous retrouvons
chaque jour chez nos petits paralytiques, affectés seulement d'amyotrophie partielle du membre inférieur.
Ce sont les mêmes rétractions musculaires, les mêmes
déformations consécutives : *pied-bot varus équin*,
genu valgum, etc., etc. Mais nous ne devons pas oublier que l'on se trouve quelquefois en présence de
petits enfants paralytiques chez lesquels l'atrophie
musculaire a été totale d'emblée, l'impotence fonctionnelle absolue dès le début de l'affection. C'est que bien
souvent, en effet, la paralysie infantile frappe d'un coup
toute la musculature de la hanche ; l'atrophie, qui chez
quelques sujets n'intéresse que quelques groupes musculaires, se généralise chez d'autres à tout le membre
inférieur. Les observations cliniques mentionnent

cependant chez ces derniers des luxations de la hanche.

Nous avons essayé de reproduire, dans une deuxième série d'expériences, ce même type clinique. Sur de jeunes cobayes, nous avons pratiqué, au mois d'avril 1900, des résections nerveuses portant sur le crural et les sciatiques. Trois de ces jeunes animaux, sur quatre opérés, ont survécu à notre intervention. Chez ces trois sujets, nous avons pu obtenir une amyotrophie totale intéressant toute la musculature du membre inférieur. Nous ne retrouvâmes, à leur autopsie, que quelques rares faisceaux musculaires encore intacts, ceux dont l'innervation avait dû sans doute être assurée par les filets nerveux qui avaient échappé à nos résections. Nous ne reproduisons que l'une de leurs observations nécropsiques, les lésions anatomo-pathologiques étant identiques chez nos trois opérés.

Observation.

Jeune cobaye, âgé de deux mois et huit jours. Résection en avril 1900 du nerf crural, du grand nerf sciatique et des filets nerveux se distribuant aux muscles de la fesse.

L'amyotrophie consécutive intéresse tout le membre inférieur droit, dont l'impotence fonctionnelle est presque absolue. Flaccidité extrême de tous les segments de ce même membre. La palpation permet de sentir très nettement le squelette à travers une couche assez épaisse de tissu adipeux, qui, au premier abord masque beaucoup l'atrophie. Tous les mouvements passifs peuvent être exagérés. On peut ramener le membre paralytique jusque sur le dos de l'animal.

A *l'autopsie*, nous constatons une laxité extrême des ligaments et de la capsule articulaires, qui sont très distendus, sans être hypertrophiés ni épaissis. La tête du fémur est encore dans le cotyle, mais on peut aisément produire une subluxation, sans déchirer les ligaments.

A l'ouverture de l'article, nous ne remarquons qu'une légère élongation du ligament rond, qui surpasse de 5 millimètres environ celui de l'articulation saine. Le cotyle est intact ; la tête articulaire n'est point déformée.

Cette expérience nous montre, d'une façon très nette, que sous l'effet d'une paralysie totale de la musculature de la hanche, les ligaments fibreux de l'articulation subissent une élongation passive de leurs éléments anatomiques, élongation qui semble diminuer leur résistance, ne s'accompagnant d'aucune hypergénèse active de tissu fibreux. Dans ce cas d'amyotrophie généralisée, de dégénérescence totale de la musculature, les surfaces articulaires ne se déforment point, la tête et le cotyle articulaires semblent devoir conserver leur forme et leurs dimensions normales, tant qu'une cause physique n'intervient pas pour en changer les rapports réciproques. Nous voyons bien maintenant toute l'importance qu'il y a dans la distinction de la hanche paralytique flasque, où l'amyotrophie est totale, l'impotence fonctionnelle absolue dès le début de l'affection, et la hanche paralytique avec amyotrophie seulement partielle et rétractions consécutives des groupes musculaires respectés au cours de la lésion médullaire.

Dans l'une, on observe toujours des déformations considérables des surfaces articulaires, en particulier du cotyle coxal, qui s'évase, se comble et disparaît ;

dans l'autre, au contraire, les ligaments capulaires s'étirent, augmentent de longueur, sans être jamais le siège d'une production active de nouveaux éléments anatomiques.

Nous pouvons à présent aborder avec fruit l'étude de la pathogénie de la hanche paralytique. Ces quelques données anatomo-pathologiques vont éclairer nos vues et nous mener sans doute à la vérité[1].

[1] Ces nouvelles données sur l'anatomie pathologique de la hanche paralytique, ont fait l'objet d'un mémoire que nous avons présenté le 8 novembre 1900, devant la Société de chirurgie de Lyon. Ce mémoire sera ultérieurement rapporté dans les annales de cette Société, avec le compte rendu des discussions intéressantes auxquelles il a donné lieu.

CHAPITRE III

PATHOGÉNIE

I

La théorie pathogénique qu'édifia le professeur RECLUS, de la luxation paralytique de la hanche, survit encore aujourd'hui. Tous les auteurs qui, avec ce maître éminent, ont cru à l'existence d'une luxation myopathique de la hanche, se sont fidèlement rattachés à ses idées et les ont toujours acceptées sans conteste. Cette théorie, la seule d'ailleurs que nous connaissions sur la pathogénie de cette affection, a été d'autant plus accréditée, qu'elle a pour elle l'immense avantage de la simplicité et de la clarté. Elle repose sur des données anatomiques dont l'auteur a su admirablement tirer parti pour expliquer ces dislocations spontanées de la hanche. Voici textuellement ce qu'écrivait à ce sujet le professeur RECLUS, dans la *Revue de chirurgie*, en 1878 :

« Les adducteurs d'une part, les fessiers et les pelvi-trochantériens de l'autre, se conduisent en véritables muscles antagonistes. Quand le groupe des adducteurs se contracte, il tend à porter la tête fémorale en haut

et en arrière ; il tend aussi à l'éloigner du cotyle, car
du moment qu'il attire en dedans l'extrémité inférieure
du levier osseux, l'extrémité supérieure par cela
même doit être attirée en dehors. Mais, de leur côté,
les fessiers et les pelvi-trochantériens ne se bornent
pas au rôle passif de soutenir et de doubler la partie
postérieure de la capsule fibreuse, comme le psoas
iliaque double et soutient l'antérieure ; leurs insertions fixes se font en avant et au-dessus de l'articulation, leurs insertions mobiles convergent vers le grand
trochanter, et ces muscles forment une sorte de sangle
contractile, dont l'activité fonctionnelle lutte contre
l'effort excentrique des adducteurs et maintient appli-
quées les deux surfaces articulaires.

« Si nous supposons la disparition de l'un ou de l'autre de ces groupes musculaires, les fessiers et les pelvi-
trochantériens par exemple, la partie postérieure de
la capsule qu'ils renforcent ne sera plus contenue par
la sangle musculaire ; elle cédera en arrière sous
l'effort de la tête fémorale que soulèvera la tonicité
des adducteurs, et la luxation finira par se produire.
Si, au contraire, ce sont les adducteurs et les psoas
qui sont atrophiés, la face antérieure de la capsule,
que ne doublera plus la masse du psoas, sera refoulée
par la tête fémorale. Celle-ci, obéissant à la tonicité
des pelvi-trochantériens et des fessiers, sera poussée en
haut et en avant ; la résistance du ligament de Bertin
ne sera que momentanée, et la luxation sus-pubienne
ne tardera pas à se produire. »

Telle est l'explication pathogénique que le professeur
Reclus nous donne des dislocations paralytiques de la

hanche. Cette théorie, fort ingénieuse, serait à l'abri
de tout reproche si elle n'avait contre elles les preuves
expérimentales les plus irrécusables. L'auteur l'a
incontestablement édifiée de toute pièce, donnant à son
hypothèse, en apparence fort rationnelle, les bases les
plus sûres, utilisant les données de l'anatomie et de la
physiologie. Il nous fait très bien ressortir cet antagonisme qui existe entre les divers groupes musculaires
péri articulaires; il nous montre son rôle efficace dans
l'équilibre des deux pièces osseuses en contact, faisant,
avec juste raison, de ces groupes musculaires, les
véritables ligaments, les plus sûrs moyens de contention de l'articulation de la hanche. Mais ce rôle physiologique de l'antagonisme musculaire, ne l'a-t-il pas·
exagéré? Cette tonicité constante des fibres musculaires qui assurent normalement à la jointure son
équilibre parfait, peut-elle bien, à elle seule, triompher à un moment donné de la résistance, passive il
est vrai, mais en vérité considérable des ligaments
capsulaires?

Suivant le professeur RECLUS, la tête articulaire du
fémur, mal soutenue par le groupe musculaire atrophié ou paralysé, appuie fortement contre la capsule,
distend peu à peu celle-ci, la déchire même, et arrive
ainsi à déserter le cotyle. Mais, dans nos autopsies,
dans tous les examens nécropsiques que nous avons pu
faire *in situ*, de la hanche paralytique avec amyötro-
phie partielle, nous n'avons jamais observé cette situation de la tête fémorale ; nous n'avons jamais vu de
capsules distendues ou déchirées. La tête articulaire
du fémur était encore le plus souvent intra-cotyloï-

dienne, et les ligaments passifs de l'article, loin d'être amincis, distendus ou détruits, présentaient au contraire un épaississement considérable, une résistance souvent dix fois plus forte.

Et ces déformations osseuses, si constantes et si caractéristiques, ont-elles été seulement soupçonnées? Pourquoi regarder comme une quantité négligeable ces rétractions musculaires excessives qui sont le cortège habituel de tous les troubles paralytiques? Ce sont là des faits, à notre sens, d'une importance capitale et qu'il faut mettre, avant tous les autres, en ligne de compte dans la marche et l'évolution d'une lésion d'origine musculaire.

Si la seule tonicité du groupe musculaire antagoniste resté sain est suffisante, comme le soutient Reclus, pour luxer une articulation saine, comment expliquer alors ces luxations paralytiques de la hanche en avant, dont nous avons rapporté quelques observations et qu'il nous a été donné souvent de constater et d'étudier. On voit des enfants affectés de hanche paralytique, chez lesquels l'atrophie musculaire intéresse d'une façon uniforme tous les groupes antagonistes; et cependant, chez ces mêmes enfants, on observe le plus souvent des déplacements plus ou moins considérables de la tête fémorale qui, dans ces cas, se porte toujours au-dessus et en avant du cotyle.

Nous ne rechercherons pas tous les faits qui prouvent encore combien cette théorie pathogénique des luxations paralytiques de la hanche est hypothétique. C'est une pure vue de l'esprit, une ingénieuse création de faits qui, en réalité, n'existent pas!

Cette pathogénie des luxations de la hanche, d'origine musculaire, doit donc être éclairée d'un jour nouveau. A notre tour, nous allons interpréter les faits, nous éloigner le plus possible du champ de l'hypothèse, rester dans les limites des données de l'expérimentation.

Nous ne nous attarderons pas sur des considérations anatomiques spéciales. La disposition des muscles périarticulaires de la hanche est trop connue, elle a été trop souvent et trop bien décrite, pour que nous songions à en reparler encore, au risque d'en donner une description aussi obscure que fastidieuse. M. le professeur TESTUT, notre vénéré maître, a admirablement fait ressortir, dans son immortel ouvrage, ces groupements de muscles antagonistes qui assurent à l'articulation de la hanche toute sa fixité, toute sa solidité. Au groupe des fessiers et des pelvi-trochantériens est opposé le système des muscles adducteurs, à celui des extenseurs de la cuisse, le groupe non moins puissant des fléchisseurs.

Si l'antagonisme de tous ces systèmes musculaires prévient le plus souvent l'action disloquante des mouvements trop brusques et trop étendus de l'article ou même parfois des traumatismes, son rôle n'en est pas moins intéressant dans les mouvements habituels de la locomotion, dans la station debout, dans le repos.

Pour que le jeu d'une articulation, quelle qu'elle soit, s'effectue d'une façon parfaite, il ne suffit pas que les ligaments de contention soient intacts, que les surfaces articulaires, lubrifiées de synovie, se coaptent totalement, il faut aussi que les deux pièces squelettiques en rapport jouissent toujours, dans tous les mou-

vements, dans toutes les situations des leviers osseux,
du plus parfait équilibre. Si une partie quelconque
des surfaces osseuses articulaires subit anormalement
et d'une façon constante, une pression trop forte, celle-
ci détermine toujours, au point du contact, une irritation des éléments anatomiques qui, tôt ou tard, s'éro-
dent ou s'ulcèrent, se détruisent ou se déforment. Ce
n'est évidemment ni la capsule articulaire, ni les ligaments fibreux plus ou moins résistants qui renforcent
celles-ci, qui maintiendront en équilibre parfait les
deux pièces osseuses en contact, qui lutteront avec efficacité contre les contractions musculaires trop éten-
dues ou trop fortes, rendant uniforme sur chacun des
éléments de la surface osseuse l'action de la force agis-
sante. Ces formations fibreuses n'ont, en effet, qu'un
rôle purement passif ; ce sont, en quelque sorte, de
simples crans d'arrêt, dont une force assez énergique
peut aisément triompher, les distendant progressivement, ou les dilacérant.

Tout autre est le rôle des muscles périarticulaires.
Leur contractibilité leur assure une résistance, sinon
plus forte que celle de l'appareil fibreux, du moins
plus efficace. Eléments nobles, véritables ligaments
actifs de l'articulation, l'intensité de leur action se
mesure toujours à l'intensité de la force exercée. Leur
élasticité, en augmentant leur résistance, annule souvent ou diminue tout au moins l'effet d'une force trop
brusque ou trop constante ; leur tonicité enfin, sans
cesse en jeu, assure même, aux surfaces articulaires au
repos, le plus parfait équilibre.

Ce sont là des données physiologiques que l'on ne

saurait mettre en doute. L'expérience est là pour prouver que le jeu normal d'une articulation n'est assuré
que par le bon état et une vitalité suffisante des systèmes musculaires voisins, les seuls, les vrais ligaments, efficaces et puissants, de l'articulation,

Remarquons en effet le premier phénomène qui a
évolué dans la hanche de tous nos opérés. La tonicité
des adducteurs, avant toute rétraction, a porté la tête
articulaire du fémur contre la partie postéro-supérieure
du cotyle coxal, et non contre la capsule articulaire,
comme se le figure le professeur Reclus. La rotation
de l'épiphyse supérieure du fémur ne s'est pas effectuée
suivant l'axe de la diaphyse osseuse. La tête articulaire
est restée dans le cotyle pendant que le trochanter se
déplaçait, suivant une circonférence dont l'axe du col
fémoral aurait été le rayon, et le cotyle le centre. Nous
avons bien fait remarquer, chez nos lapins n° 2 et n° 3,
cette migration du trochanter, qui a été suffisante, chez
les deux sujets, pour venir buter contre l'os coxal et y
déterminer la formation d'une bourse séreuse.

En même temps, la tête fémorale, non luxée, mais
déplacée dans le cotyle, venait exercer anormalement
sur la partie postérieure et supérieure de ce dernier,
une pression constante qui déterminait un évasement
de la surface articulaire de réception. En même temps
aussi, le ligament capsulaire s'hypertrophiait, et, loin
de se distendre, se condensait, s'épaississait et quin-
tuplait sa résistance ; mais, de son côté, le cotyle coxal
devenait le siège d'un travail de condensation osseuse ;
le travail cotyloïdien se renforçait de nouveaux éléments osseux, luttant ainsi pour son compte contre la

pression exagérée de la tête fémorale déplacée, et prévenant autant que possible sa désertion du cotyle.

Tel est, selon nous, le premier stade, la première étape de la luxation paralytique. La tonicité du groupe musculaire resté sain agit seule pendant cette première étape de la lésion. Elle déplace la tête, mais ne la luxe pas. L'hypergénèse osseuse du cotyle, le renforcement des ligaments fibreux hypertrophiés arrivent à lui faire équilibre, mettant aussi obstacle à la luxation du fémur.

Mais un nouveau facteur étiologique intervient à ce moment. La tonicité des muscles restés sains, trop longtemps mise en jeu et n'étant plus contre-balancée par la tonicité des muscles antagonistes atrophiés ou parésiés, les groupes musculaires, respectés au début par la paralysie, se rétractent, et c'est cette rétraction, conséquence naturelle du rapprochement constant des deux points extrêmes d'insertions musculaires, qui contribue de plus en plus à déformer le cotyle, à maintenir la tête articulaire déplacée dans sa situation vicieuse. Cette même rétraction finit par intéresser toute la musculature du membre malade, provoquant toutes les déformations que l'on constate habituellement chez les paralytiques : *genu valgum*, *pied équin*, etc., etc. L'impotence fonctionnelle s'accuse progressivement, en même temps que des lésions articulaires, plus graves cette fois, vont déformer davantage le cotyle et préparer la luxation complète.

Ces phénomènes de rétraction, nous les avons bien mis en évidence dans toutes les observations de nos opérés. Ils étaient déjà assez manifestes chez le sujet n° 1, qui ne présentait pas cependant de luxation, mais dont la tête fémorale, déplacée dans la cavité articulaire, venait butter contre la partie postéro-supérieure du cotyle, et avait ainsi légèrement élargi le diamètre antéro-postérieur de ce dernier. N'a-t-on pas remarqué aussi que les déformations du squelette avaient été toujours d'autant plus accusées que la rétraction musculaire avait été au début plus intense ?

Le type C de nos lapins ne nous donne-t-il pas une preuve de l'importance et des conséquences de cette modification de la musculature ?

Les groupes musculaires respectés au cours de notre première intervention sont demeurés longtemps rétractés, mais leur rétraction a fini par déterminer l'atrophie de ces éléments nobles, que nous avons trouvés à l'autopsie réduits à de simples trousseaux fibreux, et dont l'état de dégénérescence indiquait que le tissu interstitiel avait été le siège d'hyperplasie et de rétraction inodulaire.

Ce même type est intéressant à un autre point de vue. Ne nous offre-t-il pas très nettement l'évolution ultime de la luxation myopathique ? Chez ce dernier sujet, le cotyle coxal n'existe plus. Il n'est représenté que par une surface lisse, surélevée. La tête fémorale roule sur ces éminences osseuses, que limite seulement la capsule articulaire, fort épaissie et encore très résistante. Mais ici les ligaments fibreux de l'articulation semblent plus étendus qu'ils ne l'étaient chez les autres sujets. C'est que, dans ce cas, l'action tonique des muscles étant à peu près nulle, par suite de la dégénérescence de tous les groupes antagonistes, les éléments fibreux de l'articulation sont restés longtemps soumis à l'action de la pesanteur. Cette extension capsulaire, que doit exagérer la marche, ou seulement le simple poids du membre paralytique, cette élongation des ligaments n'est due qu'à une prolifération de leurs fibres. On sait, en effet, que les ligaments articulaires sont peu extensibles. L'histologie nous les montre formés de tissus rigides. « Ils ne s'étendent, comme le dit ROBIN, que par une augmentation du nombre de leurs éléments. »

L'irritation traumatique continue, aboutit chez ces derniers à une suractivité nutritive; leur distension n'est plus le résultat mécaniquement explicable d'une élongation passive, mais la conséquence naturelle d'une réaction productrice, d'une prolifération active du tissu fibreux. A leur tour, ces éléments secondaires de l'articulation, qui ne sont que l'*ultimum moriens* de celle-ci, éprouvent le contre-coup de la lésion musculaire. Ils s'enflamment pour leur propre compte, étant eux-mêmes, comme l'a démontré SAPPEY, largement irrigués et largement innervés; comme les éléments nobles, ils sont le siège d'échanges organiques actifs et partant, aptes à toute inflammation primitive.

Il est aisé maintenant de comprendre comment, à ce dernier stade de la lésion articulaire myopathique, la luxation coxo-fémorale devient inévitable. Les liens fibreux qui, pendant quelque temps, suffisent à maintenir la tête fémorale dans un cotyle plus ou moins déformé, céderont tôt ou tard au moindre traumatisme. La marche, le poids seul du membre infirme suffiront pour compléter la luxation. Mais alors, cette luxation parfaite ne sera plus qu'une luxation traumatique secondaire à une lésion musculaire ou, mieux encore, une *luxation par relâchement de l'appareil ligamenteux.*

Ces phénomènes pathologiques que, grâce à une patiente expérimentation sur des animaux, nous avons pu voir en quelque sorte se dérouler sous nos yeux, sont assurément identiques à ceux qui évoluent chez le petit enfant paralytique. La disposition anatomique des groupes musculaires de la hanche chez ce dernier est en tout semblable à celle que nous offre la hanche du lapin. Ce sont les mêmes insertions, le même antagonisme physiologique. La mécanique articulaire est donc la même pour l'un et pour l'autre.

Il y a cependant une légère différence à noter chez l'enfant, mais cette différence ne peut que mieux nous expliquer la même évolution de phénomènes.

La station bipède exige une intégrité absolue des groupes musculaires de la hanche. Chez l'homme, en effet, tout le poids du corps, transmis au bassin par la colonne vertébrale, ne s'exerce que sur les extrémités des deux leviers osseux représentés par les deux fémurs.

Chez l'animal, au contraire, l'action de la pesanteur se partage d'une façon à peu près uniforme sur les quatre membres. Or, comme l'a bien fait remarquer Sainton, dans les premiers mois de la vie, la tête fémorale se trouve, par son volume relativement considérable, peu en rapport avec la cavité articulaire de réception. Celle-ci est beaucoup moins profonde qu'elle ne l'est, toute proportion gardée, chez l'adulte. Elle se creuse et s'ossifie, se moule en quelque sorte sur la tête articulaire, au fur et à mesure que le jeune sujet grandit, subissant la même loi d'évolution de tous les organes, que seule, quoi qu'on en ait pu dire, la fonction façonne et modifie.

Il résulte de ces considérations, que les lésions myopathiques de la hanche doivent retentir davantage et plus rapidement peut-être chez l'homme que chez le quadrupède. C'est ce qui nous explique assurément ces déplacements considérables de la tête fémorale que mentionnent nos observations cliniques, ces déviations scoliotiques, ces déformations et ces inclinaisons plus ou moins marquées de la cavité pelvienne.

Nous voici loin déjà de la théorie de RECLUS. Nous ne pouvons plus maintenant appeler « luxation paralytique » une lésion articulaire, où la rétraction musculaire devient le facteur étiologique primordial. Cette dénomination consacre une erreur profonde dans la pathogénie de l'affection, erreur d'autant plus grave, à notre sens, qu'elle en cache la véritable physionomie clinique. Nous en reconnaîtrons plus tard toute l'importance, quand nous rechercherons les moyens d'atténuer ou, tout au moins, de prévenir une lésion dont le pronostic, au point de vue fonctionnel, est d'autant plus sombre, qu'elle est la manifestation d'une déchéance complète de tous les éléments anatomiques articulaires.

Mais il nous reste encore un point à éclaircir. Nous reprochions plus haut à la théorie de RECLUS de ne pas nous donner raison de ces luxations coxo-fémorales, qui s'effectuent en avant et au-dessus du cotyle, quand la défaillance musculaire intéresse d'une façon à peu près uniforme tous les groupes antagonistes. Nous comprenons bien à présent comment l'atrophie des pelvi-trochantériens entraîne une luxation en haut et en arrière du cotyle de la tête fémorale, sollicitée par le groupe des adducteurs demeurés sains, comment, au contraire, la déchéance de ces derniers provoque la luxation anti-cotyloïdienne.

Mais nous expliquerons-nous pourquoi la dégénérescence de toutes les masses musculaires entraînera fatalement la luxation en avant? Et ils sont nombreux ces cas d'atrophie généralisée à tous les muscles de la hanche et de la cuisse et consécutive à une paralysie spinale infantile qui a frappé d'emblée tout le membre inférieur. Nous en avons donné déjà un exemple dans les observations IX et XVI, dont l'une est rapportée par le Dr Dally, l'autre par le Dr Chantrel. Si, comme le prétend Reclus, la luxation paralytique n'était due qu'à un défaut d'équilibre entre les forces exercées par les muscles antagonistes, la petite Marie G... et Emile D... n'auraient point eu de luxation, puisque chez eux toutes les masses musculaires étaient atteintes à un même degré. Peut-être le seul poids du membre paralytique aurait pu, chez ces enfants, entraîner une luxation infra-cotyloïdienne ou supra-cotyloïdienne, mais cette luxation n'aurait été qu'une luxation par relâchement ligamenteux. Du moment que chez ces petits infirmes la tête fémorale s'est luxée en avant et s'est trouvée solidement fixée sur le pubis, il est nécessaire d'admettre l'existence d'une force autre que celle de la pesanteur, et capable d'avoir produit la lésion.

Notre théorie pathogénique va nous permettre de résoudre le problème.

Ici nous abordons sans doute le domaine de l'hypothèse, mais si les lois de la mécanique animale sont immuables dans leurs effets, la physiologie articulaire de la hanche doit nous donner le fil conducteur qui mène à la vérité. Nous ne saurions admettre l'opinion de quelques auteurs, qui ne voient dans la luxation anté-cotyloïdienne de la hanche paralytique que le simple résultat d'une attitude vicieuse du membre inférieur, due à l'action de la pesanteur sur le levier fémoral mal soutenu par des muscles affaiblis ou à moitié dégénérés. L'expérience nous montre bien que la section de tous les muscles péri-articulaires de la hanche laisse le membre inférieur dans une demie rotation en dehors, qui a pour effet de porter la tête fémorale contre la partie antérieure de la capsule articulaire ; mais nous devons songer, dans les cas qui nous intéressent, que les muscles de la fesse et de la cuisse, seulement parésiés, n'ont point perdu toute leur action ; la position de la tête fémorale solidement fixée sur le pubis, atteste bien que l'action musculaire s'exerce encore. Nous admettrons encore moins l'avis de ces auteurs, bien rares, il est vrai, qui veulent que la tête du fémur vienne s'appuyer sur la portion antérieure de la capsule par la seule raison que, en ce point, le ligament de Bertin la renforce et lui donne sa résistance maxima. Soutenir une pareille opinion ne serait-ce pas se rattacher encore, en désespoir de cause, à la vieille théorie du *finalisme* qu'il est déjà grand temps de reléguer dans l'oubli.

Les remarques que nous faisions tout à l'heure sur

les conditions mécaniques de la station bipède nous
sont ici d'une grande utilité. Si le bassin qui, chez
l'homme, supporte tout le poids du corps, transmis par
la colonne vertébrale, est susceptible d'osciller sur les
deux extrémités des deux leviers fémoraux, ses seuls
points d'appui, il est nécessaire, pour que l'équilibre
soit parfait dans la station debout, que les deux pièces
squelettiques en rapport, le fémur et l'os coxal, soient
le plus possible solidement fixées l'une à l'autre. La
simple observation des petits enfants déhanchés nous
montre bien le rôle considérable que jouent, aussi bien
dans la marche que dans la station debout, les différents
groupes musculaires qui réunissent et maintiennent
en rapport le bassin aux fémurs. Ce véritable plongeon
sur le côté, qu'exécutent en marchant les sujets
atteints de luxation congénitale, est dû, beaucoup plus
à l'insuffisance des masses musculaires atrophiées qu'à
la situation anormale de là tête fémorale. Ne voyons-
nous pas tous les jours des enfants qui, malgré un
déplacement considérable du fémur, ne présentent
qu'une très faible claudication, grâce à une intégrité
presque absolue de leurs muscles, alors que d'autres,
au contraire, sans déplacement des surfaces articulaires,
mais affectés de myopathie, boitent à un tel point que
la marche devient impossible ?

Nous comprenons maintenant pourquoi, dans les cas
de parésie généralisée à tous les muscles du membre
inférieur, mais toutefois sans que l'impotence fonctionnelle soit absolue, les fessiers et les pelvi-trochantériens, dont le rôle est, avant tout, de fixer solidement
le bassin sur ses deux uniques points d'appui, se trou-

vent dans un état de vigilance constante. La contraction musculaire, volontaire au début de la myopathie, provoque, tôt ou tard, la rétraction de tous les muscles dont les points d'insertion se trouvent rapprochés, et c'est précisément cette rétraction musculaire qui, triomphant de la résistance des adducteurs, luxe tôt ou tard la tête fémorale au-dessus et en avant du cotyle. On comprendra aussi pourquoi l'on n'observe cette luxation antérieure, avec fixation de la tête fémorale sur le versant antérieur du cotyle coxal, que chez les enfants qui ont pu marcher au début de leur affection, pourquoi on ne l'observe presque jamais chez ceux dont l'impotence fonctionnelle a été à peu près complète d'emblée, comme le mentionnent certaines observations de Reclus.

Nos expérimentations sur le cobaye nous ont montré, en effet, que dans le cas de paralysie totale, où l'action musculaire est nulle, la hanche paralytique n'offre qu'une tendance à la luxation. Les surfaces articulaires que la dégénérescence totale de la musculature laisse se disjoindre progressivement, peuvent, à un moment donné, sous l'effet du plus léger traumatisme, perdre tout contact réciproque. L'action de la pesanteur peut même, à la longue, entraîner la tête fémorale assez loin de son cotyle, pour que le simple poids du corps et l'effet de la marche produisent une luxation complète du fémur. On a affaire alors à une lésion articulaire en tout semblable à celles que l'on observe parfois dans certains états diathésiques, qui offrent une laxité extrême de tous les ligaments articulaires. Nous nous rappelons avoir vu en 1896, à l'hôpital des enfants de

Bordeaux, un jeune sujet de quatorze ans, dont la laxité de l'articulation de la hanche était telle, que la tête articulaire du fémur pouvait se luxer à volonté ; il était facile de lui faire effectuer presque tout le tour de la cavité cotyloïde.

Mais dans ces cas de hanche paralytique, la luxation coxo-fémorale ne se produit que très tard, longtemps après le début de la paralysie. On ne l'observe guère que chez des enfants assez âgés ; les ligaments fibreux, étant très peu extensibles, demandent, en effet, beaucoup de temps pour arriver à une telle distension. Ces luxations sont donc plutôt des luxations par relâchement de l'appareil ligamenteux ; les lésions musculaires ne sont, en somme, que la cause indirecte. Nous avons vu, en effet, que lorsque l'action musculaire n'était pas totalement disparue, la luxation paralytique était toujours préparée par des déformations du squelette. Nous trouvons encore ici en défaut la théorie pathogénique de Reclus.

Telle est pour nous la véritable évolution de la hanche paralytique. L'amyotrophie est toujours susceptible de provoquer la luxation coxo-fémorale, mais elle agit différemment suivant qu'elle est totale et complète, suivant qu'elle n'est seulement que partielle.

Dans le premier cas, elle permet une distension passive des ligaments fibreux, suffisante pour permettre la disjonction des surfaces articulaires ; dans le second cas, ce sont les muscles qui, se rétractant, déforment le squelette sans léser la capsule et préparent ainsi la luxation du fémur.

Ainsi comprise, la pathogénie de ces lésions articulaires, sur lesquelles on a tant discuté et que l'on tendait de plus en plus à rayer des cadres de la pathologie, comme n'étant que des luxations pathologiques banales, leur donne au contraire une physionomie qui leur est propre, et les distingue totalement de ces autres troubles articulaires de la hanche où l'action musculaire n'intervient que secondairement.

II. La hanche paralytique comparée dans sa pathogénie aux luxations pathologiques et congénitales.

Il était difficile de comprendre, d'après la théorie de Reclus sur l'action des forces antagonistes de la musculature de la hanche, et avec ce que nous savons aujourd'hui de la physiologie des ligaments articulaires, comment la seule tonicité d'un groupe musculaire pouvait triompher de la résistance passive, mais toutefois considérable des éléments fibreux de contention, sans qu'une lésion inflammatoire en ait au préalable préparé la défaillance. Il ne nous suffisait pas de savoir que dans la luxation myopathique de la hanche, telle que l'admettait Reclus, la lésion musculaire était primitive, il nous fallait connaître aussi comment cette lésion de la musculature modifiait la mécanique articulaire, comment chaque élément de l'articulation, évoluant à sa façon, contribuait pour sa part à la dislocation complète de celle-ci.

C'est qu'en effet le rôle de l'action musculaire dans la luxation pathologique est bien différent de celui que jouent les rétractions des antagonistes dans les lésions myopathiques de l'articulation de la hanche. On a peut-être attaché trop d'importance, dans la pathogénie des luxations pathologiques, aux troubles de la musculature qui ne sont que la conséquence fatale des lésions inflammatoires de l'article. Quand celles-ci ont détruit en partie ou en totalité les surfaces osseuses articulaires ou les ligaments fibreux qui les maintiennent normalement en contact, est-il besoin d'une action musculaire bien efficace pour parfaire une dislocation que le moindre mouvement peut, à lui seul, provoquer dans la majorité des cas. Sans doute les contractures souvent intenses, auxquelles aboutit toujours une vigilance trop active des muscles périarticulaires, peuvent hâter l'évolution de la lésion ; mais sont-elles toujours nécessaires? Dans leur ensemble, les muscles qui entourent l'articulation de la hanche peuvent être comparés à un cône charnu dont le sommet embrasse le col fémoral, tandis que la base de ce dernier se fixe sur toute une moitié de la ceinture pelvienne. La seule tonicité de ces éléments suffira pour entraîner en haut, dans la fosse iliaque externe et en arrière du cotyle, la tête articulaire du fémur. C'est ce qui nous explique pourquoi la luxation pathologique s'effectue toujours si rapidement, pourquoi aussi l'écart considérable qui peut s'effectuer d'emblée entre les surfaces osseuses articulaires amène paafois subitement un raccourcissement de plusieurs centimètres du membre malade.

Nous avons vu, au contraire, combien les phénomènes de rétraction étaient indispensables dans l'évolution des lésions articulaires myopathiques. Nous avons vu com-

ment elles n'étaient elles-mêmes que le résultat d'une
lésion musculaire primitive qui, modifiant dès le début
les conditions d'équilibre des deux pièces osseuses en
contact, suscitait une prolifération active de tous les
éléments articulaires. Aussi l'évolution des luxations
myopathiques est-elle toujours assez lente ; des phénomènes pathologiques modifient insensiblement le cotyle
coxal, qui s'évase, s'aplatit et se comble, pendant que,
de leur côté, les ligaments fibreux s'hypertrophient et
se condensent, prévenant ainsi la disjonction trop
brusque des surfaces articulaires.

Des considérations analogues, mais sur lesquelles
nous ne nous attarderons pas, nous permettraient
encore de bien distinguer la luxation myopathique de
la hanche, au point de vue pathogénique, de la luxation
congénitale. Si VERNEUIL et ses élèves avaient bien étudié de près ces nombreux cas de luxations coxo-fémorales, d'origine musculaire, survenues chez de jeunes
enfants paralytiques, longtemps après leur naissance,
ils auraient peut-être hésité davantage à voir dans la
luxation congénitale la conséquence d'une paralysie spéciale infantile. Mais au temps où ce maître croyait
avoir trouvé la véritable pathogénie de la luxation congénitale, on n'avait encore que très peu de notions sur
l'anatomie pathologique de cette affection. On ne pos-
sédait que deux autopsies, dont l'une était due à
PALETTA, qui, en 1785, avait décrit la luxation congénitale double d'un nouveau-né, ayant succombé le
14ᵉ jour, l'autre était rapportée en 1828 par CRUVEI-
LHIER, qui avait trouvé chez un enfant mort-né des
mains et des pieds bots, ainsi qu'une luxation bilaté-

rale de la hanche. Beaucoup plus tard même, quand
on fut mieux renseigné sur l'anatomie pathologique de
cette lésion articulaire, grâce à un nombre assez considérable d'autopsies, grâce aussi aux interventions sanglantes qu'avaient déjà pratiquées les chirurgiens
d'Outre-Rhin sur de jeunes enfants, on ne pouvait
encore établir un parallèle entre la luxation congénitale et la luxation paralytique, puisque la pathogénie
de celle-ci, édifiée par Reclus, ne reposait, comme
nous l'avons vu, que sur de pures hypothèses. C'est ce
qui nous explique pourquoi la théorie de Verneuil
parut longtemps fort séduisante, pourquoi aussi ces
auteurs furent tentés, à une époque, de ne voir dans
la luxation congénitale qu'une luxation d'origine musculaire. La hanche paralytique, telle que l'a comprise
Reclus, ne différait en rien, au point de vue de l'anatomie pathologique, de la luxation congénitale. Cette
distension passive de la capsule articulaire qui, suivant
Reclus, permet dans la hanche paralytique une ascen-
sion considérable de la tête fémorale, cette disparition
lente et progressive du cotyle coxal, qui se déforme ou
se comble bien après la luxation, constituent toute l'anatomie pathologique d'une lésion articulaire congénitale.
Si Reclus avait bien vu tout ce qu'il nous a décrit, si
les phénomènes qui évoluent dans l'articulation d'une
hanche paralytique étaient les mêmes que ceux qu'il a
seulement imaginés, la théorie de l'action musculaire
de Verneuil resterait encore irréfutable et, pour notre
part, nous ne verrions dans la luxation dite congénitale
qu'un trouble articulaire, postérieur où antérieur à
la naissance, mais dans tous les cas une lésion où

l'action musculaire serait le principal facteur étiologique.

Nos expériences, qui nous ont permis de retrouver la véritable pathogénie de la luxation « dite paralytique », de Reclus, d'en suivre l'évolution, d'en étudier enfin l'anatomie pathologique, doivent, semble-t-il, porter le dernier coup à la théorie de Verneuil. Nous avons vu, en effet, que dans toute luxation myopathique la rétraction musculaire était toujours l'élément étiologique indispensable, que, seule, celle-ci était susceptible de compléter une lésion qu'une atrophie partielle ou totale de la musculature périarticulaire avait préparée. Nous savons aussi maintenant que l'évolution de toute lésion articulaire myopathique est relativement très lente, qu'elle est liée à la résistance des ligaments fibreux qui, loin de se distendre passivement au début, se condensent, au contraire, le plus souvent, et s'épaississent par une hypergénèse active de leurs éléments anatomiques. Ce n'est que très tard, que la marche ou le poids du corps distend la capsule articulaire incapable de résister à une action trop forte ou trop prolongée, et que la luxation du fémur se complète et entraîne plus ou moins loin du cotyle la tête fémorale.

Les phénomènes inverses s'observent dans la luxation congénitale. Ne sait-on pas, en effet, que les muscles de la hanche chez les enfants atteints de cette affection n'offrent qu'une légère atrophie et qu'ils ne sont nullement paralysés? Les phénomènes de contractures et de rétractions, s'ils surviennent toutefois, n'apparaissent, dans la plupart des cas, que bien après

la naissance, alors que la lésion articulaire est déjà
constituée et appréciable cliniquement; et ces troubles
musculaires ne sont eux-mêmes que la conséquence de
la luxation qui, rapprochant les deux points extrêmes
d'insertion des muscles, forcent ces derniers à se raccourcir. Sans doute, l'action musculaire joue un grand
rôle dans la luxation congénitale, mais cette action ne
s'exerce que tard, accentuant les déplacements de la
tête fémorale, s'ajoutant encore à l'effet de la marche
et du poids du corps, pour distendre ou même déchirer
les ligaments fibreux de contention. Cette efficacité de
leur action est une preuve de la vitalité de leurs éléments anatomiques; n'est-ce pas, d'ailleurs, en étudiant
les modifications apportées par la luxation de la tête
fémorale dans le fonctionnement de l'appareil musculaire, que LORENTZ en est arrivé à modifier de la façon
la plus heureuse le procédé opératoire de HAFFA, et
qu'il a pu, à bon droit, donner son nom à l'opération
ainsi transformée ?

Mais n'avons-nous pas encore une preuve évidente,
dans les déformations du squelette, que la luxation
congénitale n'est pas une luxation d'origine musculaire? Quand la tête articulaire du fémur a été chassée
de son cotyle, soit par le fait d'un traumatisme, soit
par celui de toute lésion articulaire qui a détruit ou
affaibli les ligaments, la cavité de réception se comble
progressivement et finit par disparaître. C'est ce que
nous observons bien dans la luxation congénitale;
chez les sujets atteints de cette affection, la cavité
cotyle, si elle existe presque toujours, est souvent,
même à la naissance, à l'état rudimentaire. « Elle se

présente, la plupart du temps, sous la forme d'une loge triangulaire dont le sommet est dirigé en arrière et en haut, et la base tournée en bas, du côté du trou ovale. Le rebord du cotyle s'incurve, et oriente son tranchant vers le centre de la loge. Ce rebord et le bourrelet fibro-cartilagineux qui le recouvre subissent, en haut et en arrière, un aplatissement dû aux pressions de la tête fémorale luxée, ainsi qu'à l'action destructive exercée par les frottements du ligament rond et de la capsule. « (BIDE.)

Or, n'est-ce pas le phénomène exactement inverse que celui que nous offre l'évolution d'une lésion articulaire myopathique ? Bien avant que la tête fémorale ait déserté le cotyle, le squelette, de son côté, aussi bien que les ligaments, se modifie, s'adapte en quelque sorte, pendant un certain temps, au déplacement du fémur, provoqué au début par la seule déchéance musculaire ; l'ostéite condensante, développée aux points de pression maxima de la tête fémorale, renforce et épaissit le rebord cotyloïdien, jusqu'au moment où cette hypergénèse osseuse devient impuissante à arrêter l'évolution d'une lésion que des causes physiques, la marche et le poids du corps finissent par rendre inévitable. C'est précisément cette hypergénèse active, cette condensation des éléments squelettiques, bien mise en évidence sur nos photogravures, qui arrive, comme nous l'avons vu, à augmenter le poids de l'os. Dans le type C, toute trace de cotyle a disparu ; mais, par contre, on trouve encore à la place qu'il devait occuper avant toute lésion, la manifestation évidente d'une ossification supplémentaire et exubérante.

Nous n'avons pas à nous demander ici quelle est la cause qui, antérieure à la naissance et agissant pendant la vie intra-utérine, provoque la luxation du fémur. Ce qu'il nous suffit de savoir, c'est que la luxation congénitale n'est point une luxation d'origine musculaire; l'évolution et l'anatomie pathologique de ces deux sortes de lésions donnent à chacune d'elle un type bien spécial, qui les distingue totalement.

Si, nous inspirant de nos recherches et de nos expériences, nous osions, pour notre part, émettre une hypothèse sur la pathogénie de la luxation congénitale, nous nous rattacherions volontiers à la théorie qu'admirent PALLETA et DUPUYTREN, et que VON AMMON met bien en évidence dans son *Traité des affections congé-nitales de l'homme;* ne serait-ce point « un défaut du germe » qui, arrêtant dans son évolution et immobilisant à la période fatale une des parties constituantes de l'articulation coxo-fémorale, provoquerait les anomalies ou malformations particulières à la luxation congénitale? Cet état rudimentaire, cette disparition plus ou moins complète de la cavité cotyloïde, que l'on observe dans toute luxation congénitale sans qu'on puisse retrouver la moindre trace d'hypergénèse active du squelette, de réaction de la part des éléments osseux, semblent rendre évident que la tête fémorale n'a peut-être jamais habité son cotyle, et, si on veut encore admettre une autre cause suscitant cette dislocation, que peut-être des contractions spasmodiques dans un utérus privé de liquide amniotique, une attitude vicieuse ou forcée des membres inférieurs durant la vie intra-utérine, ont été la cause immédiate d'une lésion qu'un état congénital et permanent d'instabilité des surfaces articulaires avait, au préalable, élaborée.

Quoi qu'il en soit, la luxation paralytique de la hanche conserve son individualité propre ; elle contitue, tant au point de vue de son anatomie pathologique qu'à celui de sa pathogénie, une entité morbide bien définie, qui la distingue nettement de toutes les lésions articulaires de la hanche, pathologiques ou congénitales.

CHAPITRE IV

LA LUXATION PARALYTIQUE EST-ELLE UNE AFFECTION FRÉQUENTE?

La paralysie spinale est, sans contredit, une affection relativement fréquente dans l'enfance. Les infections multiples auxquelles le jeune enfant se trouve tout particulièrement exposé, ont souvent, chez ce dernier, leurs manifestations médullaires, et, dans bien des cas aussi, des amyotrophies partielles ou généralisées en sont le déplorable reliquat.

Mais les lésions articulaires dont nous venons d'esquisser la pathogénie viennent-elles souvent compliquer les myopathies de la hanche? Doivent-elles par leur fréquence préoccuper le chirurgien?

Si nous nous rapportions uniquement aux rares observations que les auteurs nous ont laissées, jusqu'ici, de luxations coxo-fémorales myopathiques, aux études par trop succinctes qu'on en a faites, nous serions bien en droit de considérer ces lésions articulaires de la hanche comme des raretés pathologiques. Mais les chirurgiens ont-ils songé, dans tous les cas de paralysie infantile, à examiner avec soin l'articulation de la hanche? N'ont-ils pas, dans la plupart des cas, constaté

simplement l'atrophie des différents groupes musculaires paralysés, sans s'occuper des lésions articulaires,
plus ou moins apparentes, qui pouvaient, à leur insu,
compliquer celle-ci? Les observations de Verneuil, de
Reclus, que nous avons rapportées dans notre premier
chapitre, nous signalent des déplacements nettement
constatables de la tête fémorale, lésions articulaires
dont les signes cliniques manifestes devaient frapper
avant tout l'observateur. Mais que de fois, peut-être, on a
mis sur le compte des troubles de la musculature de la
hanche, des positions vicieuses du membre inférieur,
des contractures partielles qui indiquaient un désordre
articulaire, peu apparent, il est vrai, chez des sujets qui
auraient à peine marché, mais dont l'importance était
d'autant plus grande qu'il aggravait la myopathie! N'a-
t-on pas pris souvent pour des luxations congénitales,
des déplacements des surfaces osseuses, témoignant une
déchéance plus ou moins marquée de la musculature
de la hanche, une atrophie musculaire qui n'était que
le reliquat d'une lésion spinale, passée inaperçue au
cours d'une infection bénigne en apparence? La paralysie infantile se déclare surtout de six mois à trois ans,
à un âge où l'enfant s'essaie encore à la marche. Or,
n'est-ce pas entre ces mêmes limites, avoue le professeur Reclus, que le chirurgien est appelé à reconnaître
l'existence d'une luxation? Combien pourrait-on citer
d'observations où la déformation articulaire fut diag-
nostiquée à la naissance? Bien peu sans doute. On
objectera, peut-être, que les cas sont aussi rares, où les
parents signalent une paralysie infantile dans les antécédents du petit malade. Mais ne savons-nous pas que

les accidents en sont souvent bien légers : les convulsions manquent presque toujours ou sont fort passagères. La fièvre aura passé inaperçue, si même elle n'a pas fait défaut, et les parents ont négligé cette première phase de la maladie. Ils ont été frappés par des déformations consécutives, et c'est ainsi que la paralysie infantile est écartée des commémoratifs.

On ne saurait donc se baser sur la rareté des observations relatant des luxations de la hanche consécutives à une simple dégénérescence musculaire. Nous préférons, pour notre compte, nous renseigner par les résultats de nos expériences. De tous les sujets chez lesquels nous avons pratiqué des myotomies, il n'en est pas un seul qui ne nous ait offert à l'autopsie les signes manifestes d'une disjonction articulaire, ou tout au moins des altérations osseuses ou ligamenteuses susceptibles d'entraîner, sous l'effet de la marche ou du plus léger traumatisme, la luxation complète. Ce sont là des résultats intéressants, non seulement au point de vue de la pathogénie de ces troubles articulaires myopathiques, mais encore, et surtout, au point de vue clinique, puisque nous sommes peut-être en droit d'affirmer actuellement que toute amyotrophie a, pour conséquence inéluctable, des troubles articulaires.

Nos résultats expérimentaux nous ont, d'ailleurs, tellement affermis dans cette conviction, que nous avons voulu, depuis, soumettre à l'épreuve radiographique tous les jeunes enfants que nous avons trouvés atteints de paralysie infantile. Chez tous, nous avons vu des têtes fémorales déformées, aplaties en champignon, en tout semblables à celles de nos lapins opérés, un évasement constant du cotyle coxal. Nous en avons déjà donné des exemples dans les observations de quelques petits malades qui n'offraient aucun signe cliniquement appréciable de luxation de la hanche, mais chez lesquels, cependant, on remarquait très nettement, à la radiographie, que l'articulation coxo-fémorale avait déjà subi le contre-coup de la lésion musculaire.

Le temps nous a manqué malheureusement pour compléter nos recherches, mais ce que nous n'avons pu faire, d'autres le feront dans la suite, et contrôleront eux-mêmes ce que nous osons déjà avancer.

CHAPITRE V

DIAGNOSTIC

I. Luxation congénitale.

« Je ne vois pas, disait un jour Verneuil, sur quels signes cliniques on pourrait se baser pour reconnaître et distinguer la luxation congénitale de la luxation paralytique. Comment, par exemple, en observant Pierre et Paul, âgés de deux à trois ans et atteints de luxations de nature identique suivant nous, s'y prendra-t-on pour nous prouver que le déplacement existait à la naissance chez l'un, et date chez l'autre de quelques mois ? Cependant, lorsque pareil diagnostic sera établi devant moi, je m'inclinerai en toute humilité, devant l'habile confrère qui l'aura posé. J'admirerai tout autre confrère qui, examinant à la naissance l'articulation coxo-fémorale d'un fœtus que je trouverai normal, m'assurera que cette articulation se luxera dans six mois ou avant la septième année, et tiendra pour nulles les lésions de la paralysie lorsqu'elles existent simultanément sur l'autre membre. »

Ce diagnostic entre la luxation congénitale et la luxation myopathique semble donc bien délicat.

Et en effet, voilà deux affections qui affectent toutes

deux la première enfance, et qui offrent au clinicien bien des signes communs.

Cependant cette difficulté, qui aux yeux du grand chirurgien paraissait insurmontable, nous paraît à cette heure pouvoir être tranchée dans la plupart des cas, aujourd'hui que la pathogénie des luxations d'origine musculaire est mieux connue, que la découverte des rayons X nous permet de voir un peu plus clair dans notre diagnostic.

Nous n'avons point à distinguer de la luxation congénitale, ces luxations de la hanche consécutives à une paralysie infantile survenue seulement très tard, chez des enfants qui pendant des années ont toujours marché droit, sans jamais avoir présenté du côté de leurs hanches un trouble articulaire quelconque. Dans ces cas de luxations myopathiques tardives, le diagnostic différentiel sera toujours aisé. Une étude attentive des antécédents du malade suffira pour éclairer le clinicien.

Les cas vraiment difficiles sont ceux de tous ces jeunes enfants qui n'ont jamais quitté leur berceau, ou qui, dès leurs premiers essais de marche, ont présenté les signes manifestes d'une luxation de la hanche. Pourra-t-on affirmer, ou tout au moins déclarer avec grande probabilité, que la lésion est congénitale, ou seulement postérieure à la naissance?

Ici encore, une connaissance précise des antécédents du petit infirme, sera d'une grande utilité. Il faudra bien demander aux parents si l'enfant n'a jamais eu de convulsions, de fièvres, même légères, si sa dentition a été facile et n'a jamais été suivie

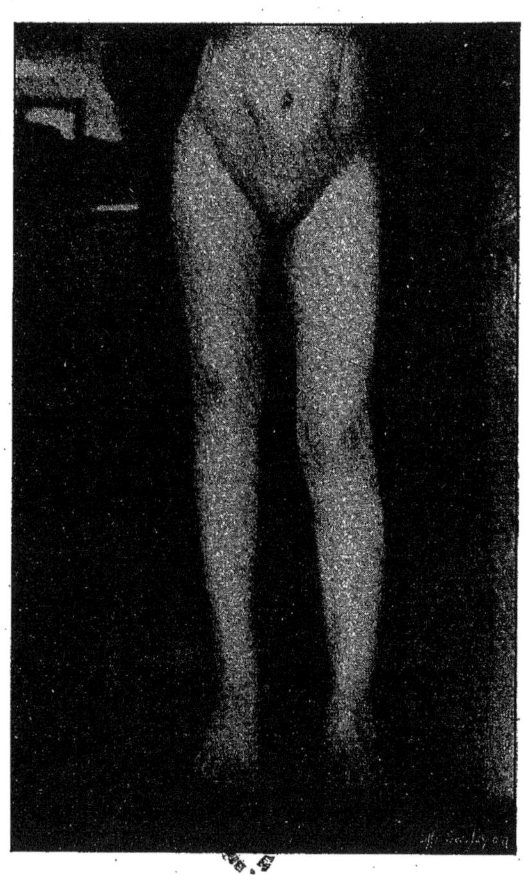

PLANCHE XI. — Type de luxation congénitale. Raccourcissement du membre gauche, sans déformation, ni déviation. Légère amyotrophie uniforme sur toute l'étendue du membre malade.

d'accidents. Ces quelques renseignements ne donneront pas sans doute la certitude que l'atrophie muscu-
culaire est le reliquat d'une paralysie infantile méconnue, mais ils seront toujours de grande valeur dans
l'ensemble des autres signes dont la concomitance
chez le même sujet pourra lever tous les doutes.

L'aspect qu'offre un jeune enfant affecté de luxation congénitale, est d'ailleurs bien différent de celui
que présente un petit paralytique. Chez l'un, l'atrophie
intéresse le plus souvent tout le membre malade, dans
sa totalité ; elle est uniforme, également répartie sur
tous les groupes musculaires. Nous avons vu, en effet,
comment cette amyotrophie, que favorise et qu'accentue à la longue la lésion articulaire primitive, doit être
considérée comme contemporaine à la luxation. Le
raccourcissement du membre malade peut être parfois
considérable, sans que pour cela on observe ces déviations et ces déformations si marquées, qui sont dues, dans
la hanche paralytique partielle avec rétractions, à l'état
pathologique de quelques groupes musculaires isolés.
(Comparez la planche II et la planche XI). Assez
souvent aussi, comme l'a fait observer Lannelongue,
le sujet atteint de luxation congénitale présente une
asymétrie qui peut frapper le crâne, la face, le thorax.

On sait au contraire, que les amyotrophies d'origine
spinale intéressent plus spécialement certains groupes
musculaires qui sont leurs sièges de prédilection, les
pelvi-trochantériens, les muscles de la région antérieure de la jambe, par exemple. Il en résulte que, chez
un petit enfant qu'une paralysie spinale a cloué dans
son berceau dès les premiers mois de la vie, on trouve

à côté des groupes musculaires complètement atrophiés,
dégénérés, d'autres muscles encore en pleine vitalité,
se contractant normalement aux moindres incitations.
Il faut aussi se souvenir que dans la luxation congénitale les muscles périarticulaires ne sont le plus souvent que parésiés, alors que, dans l'atrophie d'origine
médullaire, ils se présentent entièrement dégénérés,
incapables de toute contraction appréciable.

Ne savons nous pas encore que la luxation myopathique de la hanche, dans les paralysies partielles, est
toujours préparée par des déformations osseuses, qui
ne sont elles-mêmes que la conséquence des rétractions musculaires? Celles-ci n'apparaissent au contraire
que très tard dans la luxation congénitale, grâce au
seul déplacement des surfaces articulaires qui, rapprochant les deux points d'insertion extrêmes des muscles
de la hanche et de la cuisse, force ces derniers à se
raccourcir.

On nous objectera peut-être qu'il est des cas où la
paralysie infantile frappe d'emblée tous les groupes
musculaires du membre inférieur, et que cette atrophie généralisée peut ressembler beaucoup à celle que
l'on observe dans la luxation congénitale ; mais nous
avons vu que dans ces cas la luxation myopathique
s'effectuait toujours au-dessus et en avant du cotyle,
qu'elle était consécutive à des contractures partielles,
et qu'enfin, pour être cliniquement appréciable, elle
devait être favorisée dans son évolution par l'effet de
la marche ou l'action du poids du corps dans la station
debout. La luxation congénitale peut au contraire,
dans bien des cas, être reconnue avant tout essai de mar-

PLANCHE XII. — Type de luxation congénitale droite. Le point épiphysaire situé comme un point sur un *i*, au-dessus de la diaphyse fémorale se trouve surélevé par rapport au cartilage en Y de la cavité articulaire. — Simple effacement du cotyle, sans trace d'hypergénèse osseuse.

che, et nous offre presque toujours un déplacement de la tête fémorale, en haut et en arrière du cotyle coxal.

Enfin, c'est surtout à la radiographie qu'il faudra demander, dans les cas difficiles, d'éclairer notre diagnostic. Nous avons examiné plus de deux cents radiographies de hanches atteintes de luxation congénitale ; nous les avons comparées avec les radiographies de hanche paralytique, et nous avons toujours pu constater chez ces dernières certains signes très manifestes qui leur sont propres, et qui, de concert avec les autres signes cliniques, peuvent décider du diagnostic.

Le plus souvent, dans la luxation congénitale, le point osseux épiphysaire du fémur apparaît, à l'épreuve radiographique de la lésion, sur le prolongement de la diaphyse osseuse ; il est exactement situé au-dessus d'elle, comme un point sur un *i*. On le trouvera toujours également bien au-dessus du cartilage en Y de la cavité cotyloïde, qui est représentée par une ligne blanchâtre s'étendant de la cavité pelvienne au fond de l'acétabulum (pl. XII). Chez le petit enfant paralytique, au contraire, qui n'a pas marché, ce même point osseux, tout en étant encore sur le prolongement de la diaphyse osseuse, se trouve sensiblement dans le même plan horizontal passant par le cartilage en Y. On a l'explication toute naturelle de ces deux signes radiographiques dans ce fait, que toute luxation myopathique s'effectue toujours, au début, directement en avant ou en arrière du cotyle ; ce n'est que plus tard, après la disparition plus ou moins complète de la cavité articulaire et l'extension active des ligaments

capsulaires, que la marche ou le simple poids du corps
entraîne la tête fémorale au-dessus de son cotyle. Nous
avons vu d'ailleurs, dans notre chapitre pathogénique,
que la tête fémorale de nos lapins opérés était restée
dans la plupart des cas au même niveau que le cotyle,
que ce dernier s'était comblé, aplati dans sa partie
postérieure, là où la tête articulaire du fémur déplacée
venait exercer toute sa pression.

II. **Luxation pathologique.**

Le diagnostic de la luxation myopathique et de certaines luxations pathologiques du fémur peut être
encore, dans quelques cas, assez difficile à établir. Nous
ne parlons pas de ces luxations pathologiques qui surviennent au cours d'une maladie infectieuse, ou dans
la convalescence d'une grande pyrexie ; il n'est ques-
tion que de ces lésions articulaires de la hanche qui se
déclarent subitement chez de jeunes sujets en excellent état de santé, et dont les antécédents ne révèlent ni
traumatisme, ni infection locale ou générale. Nous
avons pu observer nous-même, au mois d'avril 1900,
dans le service de M. Nové-Josserand, un de ces cas, fort
curieux, de luxation coxo-fémorale survenue chez une
fillette de onze ans, dont les antécédents héréditaires
ou personnels, soigneusement recherchés, ne purent
nous donner l'explication d'une lésion aussi soudaine.
Cette enfant prétendait avoir éprouvé, quelque temps
auparavant, une douleur subite au pli de l'aine, un soir
qu'elle rentrait de l'école, douleur qui l'obligea à s'ali-

ter pendant quelques jours. Un léger gonflement apparut à cette époque à la racine de la cuisse, mais ce dernier ne dura que très peu, et ne fut accompagné d'aucun accès fébrile. L'enfant nous raconta qu'un matin, au réveil d'une nuit paisible, elle s'était aperçue que son membre inférieur gauche s'était sensiblement raccourci. Le médecin qui la soignait constata une luxation iliaque postérieure de la tête fémorale et, sans pouvoir donner lui-même l'explication de cet accident, l'envoya à l'hôpital dela Charité de Lyon, où elle fut reçue dans la salle SAINTE-AMÉLIE.

S'agissait-il, chez cette enfant, d'une luxation pathologique, ou d'une luxation myopathique ? Il nous serait permis d'hésiter sur ce diagnostic si nous ne connaissions pas la pathogénie des lésions articulaires d'origine musculaire, sans lésion antérieure des ligaments ou de la capsule. Mais comment admettre, avec ce que nous savons des luxations de la hanche, où l'action musculaire entre seule en cause, qu'une lésion si brusque, si imprévue, ait été le simple résultat d'un trouble quelconque de la musculature de la hanche, sans qu'un état pathologique des ligaments passifs de l'articulation ait préparé leur déchirure ? Nous sortirions de notre sujet si nous voulions discuter ici la cause de cette luxation ; est-ce une lésion rhumatismale, une hydarthrose de la hanche, un épanchement quelconque subaigu ou chronique ? Peu nous importe pour le moment; ce que nous pouvons assurer, c'est que toute luxation de la hanche survenant si brusquement, et amenant d'emblée un déplacement considérable des surfaces articulaires, n'est qu'une luxation pathologique, c'est-à-dire, à notre sens, une luxation dont là cause première est la déchéance de l'appareil fibreux de contention.

Il nous a été donné de constater, la même année, un cas à peu près analogue au précédent, chez une petite fille de huit ans, qui mourut au mois de mars d'un lymphagisme, dans le service de M. Nové-Josserand. Cette enfant avait eu, huit mois auparavant, la fièvre scarlatine. Cette affection ne présenta aucune manifestation articulaire, ni dans la période d'état, ni dans le cours de la convalescence. Quelques jours avant sa mort, elle présenta des crises convulsives, qui provoquèrent une magnifique luxation de la hanche gauche. On était si peu en droit de s'attendre à une pareille complication, que notre maître appela notre attention sur cette malade dont la mort ne tarda pas à nous éclairer le mystère. Nous trouvâmes, à l'autopsie, une articulation entièrement désorganisée. Le cotyle coxal n'existait plus qu'à l'état de vestige ; la tête fémorale ressemblait à une éponge ; il ne restait plus rien de la capsule et des ligaments articulaires. Nous eûmes donc là un exemple typique de pyarthrose, dont l'évolution insidieuse ne s'était manifestée par aucun signe clinique bien appréciable.

III. **Coxo-tuberculose.**

Confondra-t-on encore un trouble articulaire myopathique avec une coxo-tuberculose au début ? Si l'erreur n'est pas possible au moment de la période d'état de cette dernière lésion, le chirurgien doit se tenir en

garde, quand il se trouve en présence d'un jeune enfant
qui se plaint quelquefois de sa hanche, et présente, de
temps en temps, une légère claudication. Nous avons
vu, en effet, que les troubles articulaires d'origine
myopathique pouvaient quelquefois s'accompagner
de douleurs assez vives, irradiées à la hanche et au
genou. Nous avons donné l'observation d'un petit garçon dont l'atrophie musculaire était très peu marquée,
et qui fut traité pendant quelque temps comme ayant
une coxalgie tuberculeuse, alors qu'il n'avait en réalité qu'une légère paralysie infantile. L'erreur est donc
possible, si l'on n'y prend pas garde. Mais il est, cependant, quelques indices qui peuvent mettre l'esprit en
éveil. C'est d'abord l'état général. Alors que beaucoup
de petits paralytiques, au début, jouissent d'un état de
santé excellent, les enfants qui subissent l'atteinte d'une
localisation articulaire de la tuberculose, même primitive, ne manquent pas de présenter une certaine débilité de leur organisme, qui se traduit par la pâleur des
téguments, par un état psychologique particulier, véritable neurasthénie prétuberculeuse.

Et puis, n'est-il pas toujours possible, chez ces
derniers, de bien préciser le siège des douleurs qu'ils
accusent? On trouvera le plus souvent un point douloureux au-dessous de l'arcade de Fallope, un autre au
niveau du petit trochanter.

Le petit paralytique est au contraire fatigué et las
plutôt qu'il ne souffre. Il souffre seulement après une
marche un peu longue, un exercice un peu pénible;
mais après une nuit, quelques heures seulement de
repos, il n'y paraît plus rien. Au bout de quelques

semaines, parfois de quelques jours, on observe une disparition miraculeuse de tous les symptômes douloureux et un retour à la fonction presque intégral.

IV. Coxa-vara.

Cette affection de nature rachitique, et quelquefois de nature congénitale, peut simuler encore, dans certains cas, la hanche paralytique au premier stade des lésions articulaires. Les petits malades atteints de cette affection marchent mal, plongent parfois d'un côté ou se dandinent, ce qui, au premier abord, peut faire croire qu'ils sont affectés de désordres articulaires myopathiques.

Mais il faut se rappeler que la coxa-vara offre presque toujours avec elle d'autres stigmates du rachitisme. Quand elle est congénitale, elle est le résultat d'une déformation du col du fémur, caractérisée surtout par une incurvation en bas et en arrière de ce dernier.

Les trochanters, plus élevés que la tête articulaire, peuvent dépasser en haut la ligne de Nélaton, se rapprocher des épines iliaques antérieures et supérieures. Il en résulte que les mouvements d'abduction et ceux de rotation en dedans sont très limités, tandis que ceux de rotation en dehors sont très étendus. De tels signes pourraient en imposer pour une luxation du fémur en dedans et au-dessus du cotyle, mais l'impossibilité de localiser la tête fémorale en dehors de son cotyle, l'intégrité le plus souvent parfaite des muscles de la hanche suffisent pour lever le doute. La radiographie servira toujours dans les cas difficiles ; l'absence de lésions du cotyle, l'incurvation et l'inclinaison très marquées du col fémoral seront dans tous les cas des signes suffisamment nets pour ne pas permettre de confondre *hanche paralytique* et *coxa-vara*.

CHAPITRE VI

PRONOSTIC

En terminant cette étude des luxations myopathiques de la hanche, nous devons nous demander quel
en est le pronostic ? Notre réponse découle tout naturellement des résultats que nos recherches pathogéniques
et l'anatomie pathogique de ces lésions nous ont
données. Le pronostic d'une affection dont l'évolution
est tout entière liée à celle d'une amyotrophie d'origine spinale, varie suivant l'intensité et la gravité des
troubles musculaires. Si la paralysie atrophique de
l'enfance est quelquefois susceptible de régresser
totalement, grâce à un traitement méthodique, combien sont nombreux aussi les cas d'atrophie musculaire qui ont fait le désespoir des thérapeutes !

Mais ce qui aggrave surtout le pronostic de ces
luxations coxo-fémorales, c'est que le début des lésions
articulaires passe le plus souvent inaperçu du clinicien,
que la dislocation des surfaces osseuses n'est dans bien
des cas cliniquement diagnosticable que lorsque la
déchéance des éléments anatomiques est déjà presque

complète. Puisque les muscles sont les seuls ligaments efficaces d'une articulation, osera-t-on songer à guérir celle-ci quand l'amyotrophie sera totale, quand tous les éléments de l'articulation auront déjà éprouvé le contre-coup de cette défaillance musculaire irrémédiable ? L'évolution même de ces lésions articulaires myopathiques rend plus frappante encore leur individualité nosographique. Tandis qu'un traitement convenable des luxations pathologiques donne très souvent des résultats inespérés, la luxation myopathique est presque toujours restée rebelle à toute thérapeutique. Les quelques aperçus d'anatomie pathologique que nous avons donnés de la hanche paralytique nous démontrent bien pourquoi ces lésions d'origine musculaire ont une tendance à s'aggraver toujours, à compromettre éternellement la fonction de l'articulation atteinte. Nous avons vu en effet que la capsule articulaire ne se déchirait point, qu'elle s'hypertrophiait le plus souvent ou qu'elle se distendait passivement et lentement, quand l'amyotrophie était complète d'emblée. Appuyée, à la vérité, sur l'os coxal, mais sans contact avec lui puisqu'elle en est séparée le plus souvent par la capsule, mal soutenue par des muscles entièrement dégénérés, la tête articulaire du fémur ne peut se creuser une cavité nouvelle, comme il advient dans les autres espèces de luxations.

Il faut considérer aussi que ces lésions articulaires de la hanche, survenant chez les jeunes enfants, entraînent presque toujours avec elles des déformations du squelette, qui peuvent avoir plus tard les plus graves conséquences. Plus que jamais, à l'âge où la charpente osseuse du corps est encore extrêmement malléable, toutes les pièces squelettiques sont solidaires entre elles, leur développement normal est tout entier lié à l'harmonie de leur agencement. Or, plus que toute autre articulation, celle de la hanche réclame une perfection absolue dans les rapports des différents éléments qui la constituent; elle est, en quelque sorte, un centre d'équilibre sur lequel s'exerce la résultante de toutes les forces du corps, qui transmise au bassin par la colonne vertébrale, se partage suivant la direction des deux axes fémoraux. Le moindre trouble apporté dans son fonctionnement pourra donc retentir non seulement sur les différents segments du membre inférieur, mais encore et surtout sur la colonne vertébrale et la ceinture pelvienne. Des contractions musculaires volontaires, des contractures persistantes, provoquent dans bien des cas des déviations notables, au même titre que ces rétractions passives dont nous avons étudié le rôle important dans la pathogénie et l'évolution des troubles myopathiques de la hanche. L'équinisme du pied, par exemple, pourra être tantôt le fait de la rétraction du triceps sural, tantôt celui d'une contraction volontaire et permanente de ce même muscle, dont l'effort constant tend à corriger l'insuffisance fonctionnelle de la hanche. Plus graves et plus fréquentes encore sont les déviations scoliotiques de la colonne sacrée, les déformations de la cavité pelvienne, qui peuvent avoir, chez la femme, à la période de sa vie puerpérale, les plus funestes conséquences.

Nous n'insisterons pas davantage sur ces quelques

considérations, qui montrent bien que le pronostic de la hanche paralytique est peut-être plus sombre qu'on ne le croit à première vue. Hâtons-nous maintenant d'étudier les moyens de guérir cette misérable infirmité, ou tout au moins d'en atténuer le plus possible les déplorables conséquences.

CHAPITRE VII

TRAITEMENT

Si nous nous sommes peut-être un peu attardé dans
l'étude de la pathogénie des luxations myopathiques
de la hanche, c'est qu'une connaissance parfaite du
mécanisme de l'évolution de ces lésions articulaires
nous paraît indispensable pour en établir un traitement
efficace.

L'insuffisance de la thérapeutique à l'égard de ces
luxations coxo-fémorales, survenant au cours de la
paralysie spinale infantile, n'a tenu jusqu'ici qu'à l'incertitude que les auteurs ont eu trop longtemps de leur
existence et plus encore aux idées erronées qu'on s'est
faites de leur pathogénie.

On réduisit, au début, ces luxations comme des
luxations traumatiques ou pathologiques; on se conten-
tait de maintenir quelque temps la tête fémorale en
bonne position, au moyen d'appareils de contention, et
ce n'était qu'après une longue immobilisation qu'on
avait recours au massage et à l'électricité. On espérait
ainsi replacer la tête du fémur dans sa cavité articulaire
et redonner à la musculature, par un traitement masso-

thérapique, une vitalité suffisante pour maintenir désormais en contact les surfaces osseuses.

Mais ce traitement ne donna jamais les résultats qu'on en attendait. Le plus souvent la réduction était impossible, et dans la plupart des cas où on avait cru juxtaposer les surfaces articulaires, la luxation se reproduisait au moindre essai de marche, et le petit infirme s'en retournait de l'hôpital plus faible et plus débilité qu'auparavant.

Était-on en droit de demander davantage à une thérapeutique aussi aveugle, et que condamnent aujourd'hui nos seules connaissances sur la pathogénie et l'évolution de ces lésions articulaires ? Celles-ci, traitées seulement à la dernière étape de leur évolution, n'étaient déjà plus que la manifestation d'une déchéance complète des muscles et des ligaments articulaires ; et nous savons maintenant quel rôle considérable joue la musculature périarticulaire dans la coaptation des surfaces osseuses.

On a songé encore à l'arthrodèse. M. le Dr CURTILLET, professeur à l'ÉCOLE DE MÉDECINE d'ALGER, a eu l'obligeance de nous envoyer l'observation d'une fillette affectée de paralysie de la hanche, et chez laquelle il pratiqua une arthrodèse, en décembre 1899. Nous publions cette observation tout entière, car elle nous semble offrir un réel intérêt.

OBSERVATION XXII

(Due à l'obligeance de M. le Dr Curtillet, chirurgien
de l'hôpital civil de Mustapha (Algérie).

S,.. Emilie, âgée de dix ans, entre à l'hôpital de Mustapha
le 1^{or} novembre 1899.

Cette enfant n'ayant plus de parents, il est impossible d'avoir
des renseignements précis sur l'évolution de la maladie, et sur
l'étendue de la paralysie, au début. On sait seulement qu'elle
remonte à l'âge de deux ans.

Etat actuel. — Comparé avec le côté sain, le membre inférieur gauche est tout entier atrophié, mais cette atrophie est en
partie masquée par une couche de tissu adipeux beaucoup plus
épaisse que du côté sain. En malaxant les chairs, on sent une
masse molle, très flasque, et sous ce manchon fibreux on perçoit
presque directement l'os.

Dans la *position couchée*, la cuisse se place naturellement en
flexion et en abduction très marquée, presque à angle droit sur
l'axe du corps. La face externe de la cuisse repose sur le plan du
lit par suite d'une rotation externe également très marquée.

Si l'on essaie d'allonger le membre, il revient immédiatement
à cette position. L'adduction est impossible spontanément ;
provoquée, elle ne peut se faire complètement ; empêchée qu'elle
est par la résistance des muscles abducteurs et rotateurs en
dehors. L'extension complète est également empêchée par une
résistance considérable de la part des muscles fléchisseurs ;
l'abduction et rotation en dehors se font, au contraire, très
facilement, et la cuisse peut se porter très loin en arrière.

Dans la *position debout*, le membre paralysé se place en abduction extrême. Pour modérer ce mouvement et pour pouvoir
marcher, l'enfant appuie fortement la main sur la face antéro-
externe de son genou. La flexion très marquée de la cuisse sur
le bassin provoque, en outre, une forte ensellure. Le pied est

en *varus équin* prononcé, ce qui gêne encore la marche qui est extrêmement difficile et pénible.

L'exploration de la région de la hanche fait tout de suite remarquer une flaccidité complète de la masse des adducteurs. Le membre est très flasque et n'offre de la résistance au mouvement que lorsqu'on le porte dans l'extension ou l'abduction.

La tête fémorale se perçoit très bien en avant et en dedans, faisant bomber la région inguinale et soulevant les vaisseaux. On la sent rouler sous la main et, sans la radiographie, on affirmerait une subluxation en avant et en dedans. La radiographie montre, en effet, la tête dans la cavité cotyloïde, mais la radiographie a été prise dans la position naturelle du membre en dehors, et nous persistons à croire que dans les mouvements forcés de la cuisse, en dehors et en arrière, la tête, grâce à une flaccidité sans doute très grande de la capsule, chevauche un peu sur le rebord cotyloïdien.

En arrière, on a beaucoup de peine à sentir à travers les fessiers le grand trochanter.

Mensurations de l'épine iliaque à la malléole externe :

Côté droit (sain). . . . 54 centimètres.
Côté gauche . . . . . 46 —

Etat général très bon, apparence vigoureuse, état intellectuel très arriéré. L'enfant n'a pu apprendre ni à lire, ni à écrire. Strabisme léger.

Devant l'impossibilité de maintenir la cuisse en bonne attitude au moyen d'un appareil ou d'une opération portant sur le système musculaire, on a décidé de la fixer par une arthrodèse de la hanche.

Opération (arthrodèse), 6 décembre 1899.

1° Par une incision verticale au-dessous de l'épine iliaque antérieure et supérieure, section du droit antérieur de la cuisse et du corps musculaire du *fascia lata*, pour permettre l'extension complète. Cela fait, ouverture de l'articulation par le procédé en tabatière, d'*Ollier*;

2° Luxation de la tête, qui apparaît non déformée. Décapage

au couteau-gouge jusqu'à ce qu'apparaisse le tissu osseux et, en même temps, désinsertion du ligament rond. Du côté de la cavité cotyloïde, qui ne semble pas diminuée, on procède, avec ce même soin, à l'ablation complète du cartilage d'accroissement. Réduction exacte de la tête. Suture du grand trochanter au fil métallique. Drainage, suture incomplète de la plaie. Grand appareil plâtré enveloppant la partie inférieure du tronc et tout le membre inférieur jusqu'au pied. Le membre est placé en extension et en abduction légère, l'attitude intermédiaire normale ne pouvant pas être entièrement obtenue.

7 décembre. — Une hémorragie en nappe, assez abondante, s'est produite sous le pansement, et l'enfant a été pendant la nuit dans un état de dépression et de refroidissement assez inquiétant, mais ce matin elle s'est complètement relevée.

A partir de ce jour, il a été impossible de maintenir pendant vingt-quatre heures un pansement propre ; la faiblesse intellectuelle de cette enfant paraît s'être encore exagérée et, plusieurs fois par jour, malgré toute la surveillance dont elle est entourée, on la trouve baignant dans ses matières fécales et ses urines.

Chaque matin on est obligé d'enlever les matières fécales qui souillent la plaie, aussi renonce-t-on à l'appareil plâtré et se contente-on d'immobiliser sommairement le membre au moyen d'un appareil à extension, avec poids placés sur la jambe.

Malgré toutes ces souillures, il ne se produit pas d'infection grave, et la température rectale reste presque constamment au-dessous de 38 degrés, avec, de loin en loin, de petites ascensions qui ne dépassent pas 38°5. Mais la nécessité de panser et de nettoyer cette enfant plusieurs fois par jour, l'immobilisation incomplète qui lui permet des mouvements et, ajoutée à cela, la suppuration légère qui s'est établie par le trajet des drains et qui sans doute pénètre dans l'articulation, empêchent la réunion osseuse de se produire.

Peu à peu, l'enfant prend même une attitude qui se rapproche beaucoup de celle qu'elle avait précédemment.

30 janvier 1900. — La plaie finit par être entièrement cica-

trisée : on commence à faire lever l'enfant et à la faire marcher en la soutenant.

25 février 1900. — Elle marche et se tient debout toute la journée sans éprouver aucune douleur. La cuisse a repris une attitude assez marquée d'abduction, mais cependant moins prononcée qu'avant l'opération. La cuisse est fixée comme elle l'est dans une demi-ankylose de la hanche. Les grands mouvements d'abduction et de rotation en dehors ne sont plus possibles. Le membre, en somme, fournit un point d'appui plus solide, mais l'ankylose totale que l'on recherchait, ne paraît pas désormais se produire.

Il resterait à redresser le pied et, ceci fait, l'immobilisation relative de la hanche donnerait certainement une amélioration notable de la marche, mais les difficultés de toutes sortes que l'on a rencontrées dans les soins consécutifs donnés à cette enfant, nous découragent d'entreprendre immédiatement une seconde opération que nous nous réservons cependant de faire dans l'avenir, si cette enfant, actuellement dans un orphelinat, nous était ramenée.

Cette observation, qui ne nous est parvenue qu'au dernier moment, nous paraît présenter un intérêt d'autant plus grand qu'elle contrôle nos recherches pathogéniques et cliniques, qu'elle est, en quelque sorte, la contre-épreuve de nos expériences. M. le professeur Curtillet nous signale bien que « le membre gauche de cette petite fille est tout entier atrophié, que cette atrophie totale, masquée par une épaisse couche de tissu adipeux, permet à la main qui malaxe les chairs de percevoir très nettement toute la diaphyse fémorale ».

Bien que nous n'ayons aucun renseignement précis sur le début et l'évolution de l'affection paralytique de cette jeune enfant, les quelques détails anatomo-pathologiques que M. Curtillet nous communique à la fin de cette observation, et dont il put seulement se rendre compte au moment de l'intervention, sur la table d'opération, nous donnent bien le droit de conclure que la parésie musculaire, la défaillance des ligaments actifs de l'articulation furent très accusées, dès les premières années de la vie de cette malade. Cette absence de lésions du squelette, cette laxité extrême des ligaments capsulaires, qui rappellent l'état que nous offrirent certains sujets de nos expériences, démontrent d'une façon manifeste que, dans ce cas, la luxation ne devenait possible que grâce à l'élongation passive des tissus fibreux périarticulaires. Les rétractions qui ont pu se produire n'ont certainement qu'une importance secondaire dans l'evolution de cette lésion articulaire ; la distension de la capsule favorisant encore l'action de la pesanteur sur le membre paralytique, n'a pu que faciliter la rétraction des tissus pathologiques, derniers vestiges des muscles dégénérés.

Quant au point de vue du résultat opératoire, qui laisse en somme à désirer, nous pouvons le comparer à celui que nous avons pu nous-mêmes obtenir chez quelques lapins paralytiques, sur lesquels nous pratiquâmes l'arthrodèse. Non seulement nous n'avons pas eu d'anthylose complète de la hanche, mais malgré tous les soins que nous prîmes pour fixer la tête fémorale dans son cotyle, la luxation se reproduisit toujours quelque temps après, suivie des mêmes troubles fonctionnels.

L'arthrodèse a encore été essayée à Lyon, par M. le

Dr ALBERTIN, à Paris, dans quelques services de chirurgie, mais tous les renseignements que nous avons pu
obtenir sur les suites de cette intervention ne nous
paraissent pas encourageants. Si, avec le peu de bénéfice que l'on retire de cette opération, on fait encore
entrer en ligne de compte les difficultés que l'on peut
rencontrer au cours de l'intervention, les dangers
d'infection auxquels se trouvent exposés les petits
paralytiques opérés, qu'il est le plus souvent très difficile de tenir propres, les hémorragies en nappe qui
s'effectuent parfois sous le pansement ou l'appareil
plâtré, pouvant encore aggraver l'état de débilité de ces
malades, on a bien le droit de rester hésitant avant de
recourir à ces moyens extrêmes. Cette ankylose de la
hanche, même en admettant qu'on puisse l'obtenir
dans quelques cas, ne peut-elle pas offrir de graves
conséquences chez les petites filles, qui, plus tard,
dans la période de leur vie génitale, se trouvent privées
par le seul effet de leur ankylose, du mouvement passif
ou actif d'abduction des cuisses, si indispensable
à la femme, et dont la perte peut devenir si funeste
dans les fonctions que la nature a dévolues à celle-ci ?
N'est-ce pas le même reproche qu'on a fait bien
souvent aux interventions sanglantes dans la luxation congénitale, reproche, suffisant à notre avis, pour
condamner à jamais de pareilles manœuvres ? On
sacrifie ainsi, à une fonction déjà très compromise
et qu'on ne peut dans bien des cas espérer rétablir,
une autre fonction encore intacte et beaucoup plus
importante.

Quand la hanche luxée se trouve assez solidement

fixée par les rétractions musculaires consécutives à la paralysie de la musculature, ne serait-il pas préférable de ne sectionner que les muscles trop fortement rétractés et qui provoquent des déformations trop considérables, et de conserver tous les trousseaux fibreux, vestiges de la déchéance musculaire, mais susceptibles de fixer assez solidement la tête fémorale déplacée. Chez certains de nos opérés, ces néoformations pathologiques s'opposaient la plupart du temps à des déplacements trop étendus des surfaces articulaires ; on peut voir sur le fémur que nous avons fait reproduire dans une de nos photogravures, les traces de la résistance exercée par des trousseaux fibreux, qui, reliant le bassin à l'épiphyse fémorale, provoquaient sur les bords du grand trochanter la formation de petites saillies osseuses irrégulières, finement dentelées, témoignage manifeste d'une irritation périostique dans la zone d'insertion de ces éléments pathologiques (planche X). Pourquoi n'essairait-on pas, dans ces cas de luxations paralytiques, les injections de chlorure de zinc, dont on a dit peut-être trop de mal, et qui pourraient ici concourir à la fixation de la tête fémorale, grâce à une nouvelle hypergénèse de tissu fibreux ? Sans doute, la luxation non réduite du fémur entraînerait toujours des troubles fonctionnels très marqués, mais, ainsi modifiée, elle ne s'aggraverait pas des complications que suscite toujours l'ankylose de la hanche. La tête fémorale, ainsi fixée plus ou moins loin de son cotyle, il resterait à modifier la statique du bassin pour obvier à l'asymétrie des deux hanches.

Un nouveau procédé opératoire, qui consiste surtout

à intervenir dans des cas analogues sur la ceinture pelvienne elle-même, est en ce moment à l'étude. Ce dernier sera ultérieurement publié par un de nos camarades, M. CASAUX, sous l'inspiration de l'éminent chirurgien lyonnais, M. le professeur JABOULAY.

Quelle que soit, d'ailleurs, la méthode adoptée dans les traitements sanglants de la hanche paralytique, on ne manquera pas de sectionner hardiment et sans regret tout muscle trop fortement rétracté qui, non seulement est susceptible de provoquer des déformations du membre inférieur rendant la marche sinon impossible du moins très pénible, mais qui, par son état pathologique peut encore, dans certains cas, exagérer les troubles de l'articulation coxo-fémorale. La ténotomie du tendon d'Achille, dont la rétraction amène si souvent chez le petit paralytique l'équinisme du pied, s'imposera dans la plupart des cas. Non seulement cette légère intervention corrigera une déformation disgracieuse et gênante, mais elle sera susceptible de modifier considérablement la statique du bassin. en même temps qu'elle pourra prévenir des lésions articulaires plus graves de la hanche, la mécanique physiologique rendant toujours solidaires tous les segments d'un même membre.

Rien n'est plus simple que cette opération. Nous lui avons toujours vu donner les meilleurs résultats dans le service de notre maître. Un appareil plâtré suffit pour immobiliser, pendant quelque temps, le membre du petit malade, et assure ainsi la correction presque toujours parfaite de la déformation.

Nous ne nous étendrons pas davantage sur le traitement sanglant de la hanche paralytique. Nous croyons qu'il y a encore, sur ce sujet, bien des recherches à faire. L'anatomie pathologique de la hanche paralytique et sa pathogénie, mieux connues aujourd'hui, inspireront peut-être aux chirurgiens de nouvelles méthodes thérapeutiques.

Mais si le traitement curatif de la hanche paralytique, parvenue au dernier stade de son évolution, ne nous a encore donné que peu de résultats, il n'en est plus de même du traitement préventif, que semble indiquer tout naturellement l'étude clinique et anatomo-pathologique que nous avons faite de la luxation myopathique. Nous savons maintenant que toute amyotrophie de la hanche est susceptible d'entraîner des troubles articulaires, que ces derniers sont le résultat de déformations osseuses consécutives à des rétractions musculaires, ou, dans certains cas, d'une distension passive des ligaments et de tous les tissus périarticulaires ; il faudra donc combattre, dès le début, par des moyens énergiques, l'atrophie de la musculature, maintenir le plus possible, par des appareils de contention appropriés, les surfaces articulaires dans leurs rapports normaux, pour éviter toujours les déformations du squelette.

Le massage prématuré doit être rapidement mis en usage. Ce procédé, qui n'est plus à sa période d'essai, a donné à M. Lucas-Championnière et, après lui, à tous les chirurgiens qui y ont eu recours, les plus admirables résultats. « Par son effet, dit Estradère, le massage fait contracter les muscles, autant par l'action directe et immédiate de ses manœuvres sur la fibre contractile

elle-même, que, d'une manière consécutive, par l'intermédiaire du système nerveux qu'il irrite et de la circu-
lation qu'il active. » « Le massage, disait encore HIPPO-
CRATE, resserre toujours une articulation trop lâche. »

L'électrothérapie peut aussi rendre de grands services. Le Dr DÉBÉDAT, le distingué chef de service
de l'électrothérapie de l'hôpital des Enfants de Bordeaux, a bien mis en évidence, dans sa thèse inaugurale, la complexité de l'action électrique sur la nutri-
tion musculaire :

« En tant qu'excitant la contractilité, cette action
est comparable à celle de l'exercice ordinaire, sur
lequel elle présente des avantages sérieux au point de
vue thérapeutique.'

« L'exercice modéré provoqué par des courants
faradiques rythmés, qui se rapproche le plus de l'exercice naturel, produit les effets les plus marqués.

« L'exercice provoqué par les excitations galvaniques rythmées produit, avec les secousses brusques,
une action favorable évidente. Cette action est moindre,
cependant, que celle des courants faradiques rythmés,
mais supérieure à celle des courants galvaniques con-
tinus. »

On pourra enfin avoir recours à l'hydrothérapie.
Les bains salés, en particulier, donneront les meilleurs
résultats. Nous avons pu constater les salutaires effets
de la balnéation salée, grâce à l'obligeance du Direc-
teur de la station balnéaire de BIARRITZ-BRISCOUS, admirablement organisée aujourd'hui, et où de nombreux
petits paralytiques ont déjà obtenu une amélioration
très sensible de leur état.

En un mot, c'est surtout l'amyotrophie qu'il faudra traiter ; les lésions articulaires, qui sont le cortège habituel des atrophies partielles ou totales de la musculature de la hanche, suivront toujours l'évolution de la myopathie. Mais il ne faut pas oublier que pour tirer quelque bénéfice de ce traitement médical, il faudra l'appliquer le plus rapidement possible. Rappelons-nous toujours cet adage qui domine, à notre avis, la thérapeutique de la hanche paralytique :

« *Tant valent les muscles, tant vaut le résultat.* »

CONCLUSIONS

I. La luxation paralytique proprement dite est très
rare. Par contre, fréquemment dans la hanche paralytique, la tête fémorale, tout en restant dans le cotyle,
subit des déplacements plus ou moins marqués, auxquels on pourrait donner le nom de *subluxations
paralytiques*.

II. Les expériences et les faits cliniques paraissent
concorder pour montrer que la pathogénie de ces
déplacements est complexe :

Dans les amyotrophies généralisées et les paralysies
flasques, il n'y a pas d'altérations osseuses ; le déplacement est rendu possible par l'élongation passive des
ligaments et des tissus périarticulaires ; la pesanteur
en est l'agent principal.

Dans les paralysies partielles avec rétractions des
muscles antagonistes, il se produit, sous l'influence de
la traction persistante de certains groupes musculaires,
des déformations du cotyle, dont nos expériences
montrent bien les étapes. Le cotyle s'agrandit en haut

et en arrière, tandis que sa profondeur diminue parfois jusqu'à l'effacement complet.

Dans cette seconde variété, de beaucoup la plus fréquente, au lieu de l'amincissement de la capsule, qui avait toujours été considéré jusqu'ici comme la cause des déplacements, on observe, du moins dans les expériences, un épaississement capsulaire important, et la subluxation paraît bien due avant tout aux déformations osseuses.

III. La *hanche paralytique* constitue donc encore, au point de vue anatomo-pathologique, une entité bien définie et distincte des autres luxations de la hanche, et en particulier de la *luxation congénitale*.

Le diagnostic est, en général, facile par l'examen clinique et la radiographie.

IV. Les tentatives de traitement, soit par les méthodes non sanglantes, soit par l'arthrodèse, n'ont pas donné jusqu'ici de résultats encourageants. Le traitement orthopédique ordinaire, précédé s'il y a lieu par des myotomies pour corriger les positions vicieuses, reste donc seul recommandable.

INDEX BIBLIOGRAPHIQUE

Adams, the Lancet (1890).

Angot, th. de Paris, 1883.

Chantrel, th. de Paris, 1899.

Bouvier, Bulletin de la Société de chirurgie, 1888.

Busch, Langenbeck's Archiv, tome IV.

Blocq, th. de Paris, 1888.

Bulletin général de Thérapeutique médicale, 1873.

Bulletin de l'Académie royale de médecine, 1842.

Degez, th. de Paris, 1828.

Delpech, Traité d'orthomorphie.

Forgue, Luxations pathologiques.

Gross, Dictionnaire des sciences médicales.

Garabet-Nazaret, th. de Lyon, 1885.

Guérin, Recherches sur les luxations congénitales (Zoc), 1841.

Hoffa, Traitement des raideurs des membres.

Humbert et Jacquier, Réduction et traitement des luxations de
la hanche, 1835.

Kuechler, Klinische deutsche, 1859.

Klinische Rundschau, 1887.

Karewski, Berliner klinische Wochens., 1888.

Klinische Chirurgie, 1888. Uber paralytische Luxationen der
Ufte.

Kummer, Revue de chirurgie, 1828.

La Bonnardière, Revue d'orthopédie, 1826.

Lorentz (Vienne, 1828), Maladies des muscles.

Lorentz, Traitement des raideurs congénitales des membres.

Lebœuf, th. de Paris, 1899.

Masse, th. de Paris, 1880.

Onimus, Des contractures (Revue mensuelle des maladies de l'enfance, 1883).

Picqué, thèse de Lyon, 1899.

Pravaz, Gazette des hôpitaux, 1881.

Roux, th. de Paris, 1899.

Rupprecht, Sammlung klinische Verträge, 1884.

Reclus (Clinique), Luxations paralytiques.

Reclus, Luxations paralytiques du fémur (Revue mensuelle de médecine et de chirurgie).

Rodard, Traitement de la maladie de Little.

Schantz, Zeitschrift für orthopädische Chirurgie.

Sainton, Revue orthopédique. Anatomie de la hanche chez l'enfant.

Schulten, Pathologie des raideurs des membres (Zoc).

Schreiber, Archivia di Orthopedia, 1889.

Testut, Anatomie humaine (Articulation de la hanche).

Verneuil, Union médicale, 1866.

Valette, article Hanche (Dictionnaire de Jaccoud).

9

TABLE

Lyon. — Imp. A. REY, 4, rue Gentil.